年齢別保育実践講座

0・1・2
歳児編

あいち保育研究所 編

横井　喜彦
伊藤なをみ
布施佐代子 著

かもがわ出版

　本書は、2009年に産声をあげた「あいち保育研究所」が創設以来、毎年開催してきた「春の年齢別保育連続講座」の内容を書籍化したものです（ただし、講師はこれまで交代してきました。本書の執筆者は2019年時点の講師の方々です）。

　なぜ、あいち保育研究所が「春の年齢別保育連続講座」を開催したのか。そもそも「あいち保育研究所」とはいかなる団体か。その出発点は2007年にさかのぼります。

　2007年に愛知県内で開催された「第39回全国保育団体合同研究集会」の成果をどう生かすのかが実行委員の中心部の問題意識でした。これを当時の愛知保育団体連絡協議会（愛保協）に問題提起したところ、今後の愛知の保育運動を発展させるための「研究所」の設立が議論され、2008年3月の総会で設立準備することを決議しました。その後、神田英雄さん（故人）を中心に研究者や保育者などが集まって、どのような研究所にするかを議論する会議を積み重ねてきました。愛保協が実施してきた県内保育行政実態などの調査研究はもとより、保育者の研修もその柱に加えたのです。研修事業により保育者の保育の質向上をめざすのはもちろん、収益活動として財源を確保し、安定的な研究活動ができる組織にする。こうした議論を経て、2009年11月29日に設立したのが「あいち保育研究所」です（「設立宣言」および「私たちがめざすもの」を参照）。

　あいち保育研究所を設立した2009年は、国連で子どもの権利条約が全会一致で採択されて20年目にあたる年でした。「設立宣言」にあるとおり、子どもの権利の尊重、子どもの最善の利益を保障する社会をめざして「あいち保育研究所」を設立しました。

　それから10年以上経って、「あいち保育研究所」の活動の大きな柱である「春の年齢別保育連続講座」が書籍化されることはうれしいかぎりです。初代所長の神田英雄さんもさぞ満面の笑顔で喜んでくれていることでしょう。

　「春の年齢別保育連続講座」が10年以上も続けられてきたのは、これまで講師として担当いただいたみなさま（宍戸健夫、水谷暎子、亀谷和史、松本博雄、木村和子、宍戸洋子、原田明美、平松知子、藤井貴子、小川絢子、伊藤洋子、山本理絵、塩崎美穂、望月彰、横井喜彦、伊藤なをみ、布施佐代子、吉葉研司、工藤英美。※敬称略、順不同）はもとより、年度初めという1年でも大変な時期に仕事を終えて講座に出席して

くださった県内保育者のみなさまあってのことです。この場を借りて感謝の意を表します。

　「春の年齢別保育連続講座」は、毎年4～5月におこなわれており、第1回目は全体講座として受講生全員が集まります。その後、4回、各年齢にわかれて、発達と保育、あそび、生活と集団づくり、保育計画などを学びます。少人数（定員30名）のため、じっくり講師の話を聞いたり質問できたりします。ときには受講生同士で意見交換をし、ときには受講生自身の実践の一コマを他の受講生の前で語ったりします。計5回の講座に参加された受講生には「修了証」が発行されます。私たち研究所は、講座終了後、講師陣とともに受講生の様子や講座を進める上での課題などを共有し、次年度の準備に向かいます。

　こうした今までの蓄積をふまえて完成した本書が、今後、県内保育者はもとより全国の保育者の保育の質の向上に貢献できることを心から願っています。

　2020年以降、新型コロナウイルス流行下において、いまなお日常の保育はもちろん、年間行事や保護者との諸活動、そして研修の機会などが奪われたり制限されたりしています。しかし、子どものしあわせをねがい保育するために「学びたい」保育者はたくさんいます。本書がそんな保育者をはげまし、元気にするものになるならこの上ない喜びです。

　本書出版にあたって、かもがわ出版編集部の中井史絵さん、吉田茂さんには、企画から校正段階まで根気よく付き合っていただきました。厚くお礼申し上げます。

　　2021年3月

　　　　　　　　　　　　　　　　　　　　　　　編者を代表して
　　　　　　　　　　　　　　　　　　　　　　　あいち保育研究所
　　　　　　　　　　　　　　　　　　　　　　　事務局長　中村 強士

● ● ● 設立宣言 ● ● ●

　『子どもの権利条約』が、1989年に国連で採択され20年がたちました。多くの自治体で『子ども条例』が作られ、「子どもの権利」が語られています。しかし、子どもたちをとりまく現実は、権利の実現とはほど遠い状況にあります。

　おとなの顔色をうかがって、自分の思いをおさえこんでしまう子ども。キレることでしかおとなの関心を集めるすべを持たない子ども。生活リズムが不規則で、心身ともに不安定な子ども。3度の食事すら満足に食べられず、ひもじい思いをしている子ども……。いつのまにか、日本の「子どもの貧困率」は14.3％にも及び、生まれながらにして「平等」と「幸せに生き成長する権利」が奪われている子どもたちがいます。「ねぇねぇ」と語りかけ「なあに」と応えてもらう、そんな当たり前の権利を保障することすら、困難な時代になっています。

　子どもの育ちを見守り、愛おしむおとな自身も「自己責任」論で追い詰められ、「競争の原理」で分断されています。

　愛知県では、派遣・非正規労働者の首切りが全国でも突出しています。もっと子どもと楽しむ時間や、語り合うゆとりを持ちたいのに、おとなたちは日々の生活に追い立てられ厳しい現実と向き合い精一杯生きています。

　この愛知で生まれ育つすべての子どもたちに、等しく「最善の利益」を保障するために、私たちおとなにできることはなんでしょうか。

　すべての子どもたちに、「最善の利益」を保障する社会をめざして、『子どもの権利条約』採択20周年の今年、私たちはあいち保育研究所を設立します。

2009年11月29日

●●● 私たちがめざすもの ●●●

『幼い子どもたちは、話したり書いたりして伝えることができるようになるずっと前から、あらゆる方法で自分の気持ち、考え、願いを選び取り、伝えている』
（『乳幼児期の子どもの権利』より）

子どもたちは誰もが、生命として生まれた瞬間から
「意見を表明する権利」をもっている
「自分らしく育つ権利」をもっている
「呼びかけ向き合ってもらう権利」をもっている
「愛される権利」をもっている

そしておとなたちは
「子どもを愛する権利」をもっている

　子どもをかけがえのないひとりの人間として尊重し、人間としての主体性を認め、子どもたちのかけがえのない「いま」と「未来」が幸せであるように。

　私たちあいち保育研究所は、子どもたちをとりまく状況を調査・分析・研究し、子どもの成長や発達を阻む要因を探り、必要な手だてを導き出していくことをめざします。
　これまでの愛知の保育実践・保育運動で積み重ねてきた「保護者と職員の共同保育」および「現場実践者と研究者との対等な関係性」を、さらに発展させることをめざします。
　そのために、子育ての主体である保護者、保育・子育ての専門家である保育者・教育者・学童保育指導員、子育て支援者はじめ保育・子育てにかかわるさまざまな研究者など、幅広く手つなぎし、交流し、情報を共有し、研究を進めていくことをめざします。

CONTENTS

0歳児

1日目　ゼロ歳児クラスの魅力と専門性、1歳までの発達 ……………… 10

2日目　子どもたちとの関係づくり、ゼロ歳児の生活のあり方、ゼロ歳児クラス後半の子どもの姿（1歳半前後の発達） ……………… 20

3日目　ゼロ歳児のあそび ……………………………………………… 30

4日目　環境設定について考える …………………………………… 36

1日目　乳児保育の目的と子ども理解・発達援助 …………………… 42

1歳児

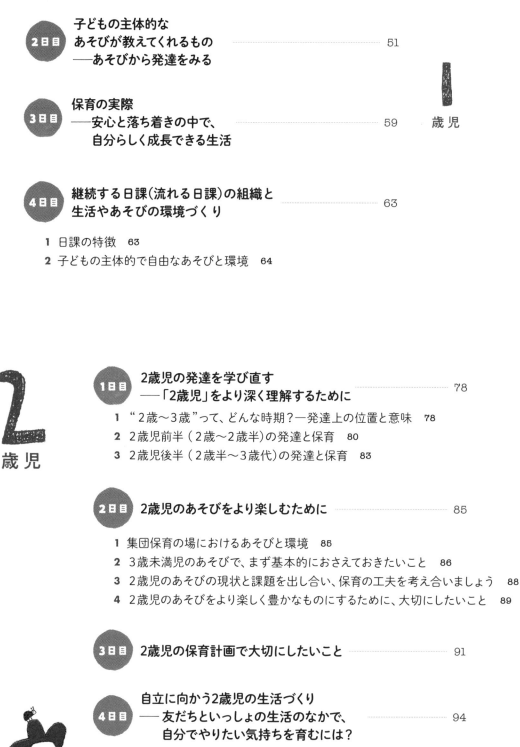

歳児

歳児

ゼロ歳児クラスの魅力と専門性、1歳までの発達

\1日目/

1日目は、ゼロ歳児クラスの魅力と専門性、そして、まず生まれてから1歳までの発達について学びましょう。

1 ゼロ歳児クラスの魅力と専門性

　ゼロ歳児クラスには「赤ちゃん」がいます（写真1）。あのつぶらな瞳で見つめられたり笑いかけられたりしたら、こちらもついほほえんでしまいますね。そんな赤ちゃんのいるゼロ歳児クラスは、他のクラスと何が違うのでしょうか。

　ゼロ歳児は、一生のうちで一番発達が著しい時期です。そしてその発達はとても小さく、とても早く駆け抜けていきます。この小さな世界の意味を知らないと確かな保育ができません。私の現場経験を振りかえってみると……。初めてゼロ歳児クラスに入ったときに、この「小さな世界の意味」に気づけずに1年間が過ぎてしまい、「発達をきちんと学ばないと保育ができない」と反省したことを思い出します。

　ゼロ歳児保育は、年月齢の発達に見あった生活やリズムづくり・あそび・保育者の働きかけ・環境の設定など、多くの専門的な知識や技術が求められます。また、複数担任間の連携や保護者支援

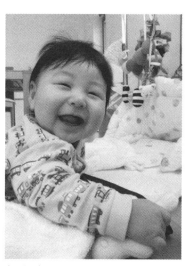

（写真1）

のはじまり…といったおとな同士の課題も重要です。他にも保育制度やゼロ歳児保育の歴史など、現在の保育を規定している要素も学ぶことも大切です。

　ゼロ歳児保育でみなさんと学びあいたいテーマは、このように多岐に渡ります。そのすべてを網羅することはできないので、この講座では「発達」の学習を中心に、生活・あそび、環境設定の重要性などを、いっしょに考えあいましょう。

発達を学ぶ… 生まれてから1歳頃まで

① その前に…おさえておきたい3つのポイント

（1）ゼロ歳は一生の中で一番発達が著しい

　ゼロ歳児の2か月は、幼児クラスの1年にあたると言われます。その発達の早さがわかります。この時期の月齢差は、幼児クラスの年齢差と同じぐらいであると考えると、まさにゼロ歳児クラスは「異年齢クラス」と言えます。保育者は「月齢」にこだわりながら、さまざまなことを関連づけて考える必要があります。

（2）発達のみちすじはどの子もみんな同じ

　どの子も発達の順番はみんな同じです。ただ発達には「個人差」があります。この「個人差」は大きいということも覚えておいてほしいことです。

（3）発達にはさまざまな視点がある

　例えば、身体の機能や、運動・ことば・情緒など、発達にはいくつもの視点（ものさし）があります。ゼロ歳児期は、この複数の視点が絡み合いながら発達していくことがとてもわかりやすいときです。巻頭にまとめた発達表を参考にしながら、発達を意識することが適切な環境設定や保育者の関わり方につながります。

② 「笑い」について（生後6か月頃までの発達）

　赤ちゃんの笑顔はかわいいですね。いつ頃から笑うようになるでしょうか？
ネットで「胎児・笑い」で検索すると胎児が笑っているような写真が出てきます。ま

た生後すぐでも笑っているような表情がみられます。これらは一種の「反射」だと考えられています。反射の時期は続きます。生後1か月の赤ちゃんです。笑っているようにみえますね。（写真2）ちょうどおっぱいを飲んだ後のまどろんでいる「生理的微笑」と呼ばれるものです。生後1か月の赤ちゃんは、視力も0.01～0.02で、周囲がぼやけ、まだ首も据わらず、追視もできず、じっと見つめたままです。しかしこうやって快い状態の時に数秒間目を閉じてニコッとみえる顔をするのです。ですが、人に向けられた笑いではありません。

（写真2）

　本当におもしろくて笑うようになるのはいつ頃でしょうか。赤ちゃんの成長のなかで、立つ・歩くなど「初めての〜」場面にであいます。では「初めてあやしたら笑うようになった」場面は？　あまり意識していないと思います。しかし、初めて養育者を意識して笑った場面も記念すべき日です。「社会的微笑」と呼ばれるものです。3か月頃から見られるようになります。（写真3）

　4～5か月頃には、キャッキャと声をあげて笑い返すようになります。「おはしゃぎ反応」とよばれる大切な「笑い」です。この「おはしゃぎ反応」は、養育者があやしていることがわかり、声をあげて笑い、それをみて養育者がまたあやすという相互作用が働いています。

　この時期、首が据わり始めて周りをみることができるようになります。追視も180°（左右）から360°（上下左右）と広がります。視力も高まり養育者をしっかりいろいろな角度で追視することができるようになります。首が開放されて大きな声も出てきます。声が出ると養育者との関わりもさらに相互的になってきます。こうして養育者への認識も高まっていきます。

　このように「おはしゃぎ反応」ひとつみても、さまざまな発達が絡み合いながら生まれてくることがわかります。

　この時期、しっかり養育者が子ど

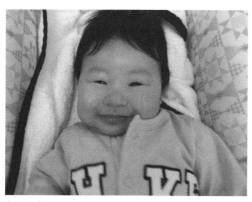

（写真3）

もと関わり、生活の世話から快い経験を重ね、正面からあやすことで相互的に笑いあうようになってきます。しっかりと１：１の関係を築いてあげてほしいです。

保育者との新しい関係づくり
──12か月頃までの発達…10か月の新しい力を中心に

10か月頃に、新しい発達の力が芽生えていきます。この力は１歳代の発達の基礎となり、乳児期から幼児期を乗り越える力にもなる大切なものです。

1 大好きなおとな

７〜８か月頃から「人見知り」が始まります（写真４）。人見知りは、おとなが嫌になるのではなく「大好きなおとな」がわかってきます。９〜10か月ごろにはさらに、大好きなおとなと離れるのが不安になって泣けてしまったり後追いもします。

この大好きなおとな（特定の養育者）は、母親・父親でもあり保育者

（写真４）

でもあります。このおとなとの情緒的な関わりをもち、くっつこうとすることは、この時期の発達課題でもあるアタッチメント形成につながっていきます。つまり、この「大好きなおとな」になるための関係づくりが、まず保育者に求められます。

2 ハイハイであちこち散策へ

ハイハイの前に「寝返り」（５〜６か月頃）があります。あおむけから足があがり腰から回って寝返ります。このときに、ただ「できた」ではなく表１にある「でき方」のポイントについてもみてほしいと思います。

表1）寝返りのポイント

・寝返りは左右にできますか？
・腕はきちんと抜けますか？
・首はあがっていますか？
・手のひらは開いていますか？

　ハイハイは大きく分けて4つの段階に分かれます。

❶あとずさり（6～7か月頃）
まだ足の力より手の力が強いので、前に行くつもりが後ろに下がってしまう段階です。

（写真5）

❷はらばい（ずりばい）（7～8か月頃）
お腹を付けて手足を動かして前に少しずつ進んでいく段階です。

（写真6）

❸よつばい（9～10か月頃）
お腹も床からあがり、手足を交互に動かしてハイハイする段階です。スピードもでてきます。部屋のあちこちを動き回るのもこの時期です。あちこちへハイハイで散策することで、いろいろなものを見たり触ったりすることにつながります。

（写真7）

❹たかばい（11～12か月頃）
お尻を高く上げて、足のつま先で床を蹴って前に進みます。

（写真8）

これらの、ハイハイを十分におこなうことが、次の歩行へのステージを豊かにします。しかしハイハイも「できた！」ではなく、その「でき方（ハイハイのポイント）」（表2）も注目してください。

表2）ハイハイのポイント

・左右対称に手足が交互に動いていますか？
・段階を跳び越していませんか？
・はらばい・たかばいでは、足のけり、特に足の指が使えていますか？
・手のひらは開いていますか？

● 跳び越してしまう…

　ハイハイの段階を跳び越してしまう子がいます。特に「たかばい」は同時期に「つかまり立ち」も覚える時期でもあり、つかまり立ちからつたい歩きへと移行すること、そして周りのおとなも「歩けるように」と手を添えたりするなど、ハイハイを十分経験させる前に歩行に移行してしまう子も少なくありません。

　しかし、たかばいは歩行時のバランスやその後の粗大運動の広がりと関連があると考えられており、この時期に経験させてあげたいものです。ハイハイをする機会と促すための環境設定、保育者からの働きかけを続けてほしいと思います（p.38も参照）。

③ お座りができるようになると…

　ハイハイができるようになり、自在に移動して好きなところに腰を下ろす……そんな「一人座り」ができるようになるのもこの時期です。表3をみると、おおよそ8〜10か月を目安にひとり座りができるようになることがわかります。と同時に、5か月で座れるようになる子もいれば12か月で座れるようになる子もいる……この幅の広さが「個人差」で、保育者が考える以上に幅が広いことがわかります。

表3）運動通過率（一人座り）

	（%）
〜5か月	7.7
6〜7か月	33.6
7〜8か月	68.1
8〜9か月	86.3
9〜10か月	96.1
10〜11か月	97.5
11〜12か月	98.1

（平成22年度一般調査による乳幼児の運動通過率…一人座り）

　座れるようになると、座り込んで好きな（興味のある）おもちゃでじっくりあそべるようになります。「パッチンボード」に向かい合って何度も触っている様子も見られますね。

また、「じーっ」とおもちゃを見つめている姿にであうことがあります（写真9）。5〜6か月でモノがいじれるようになると、いじることが最大の関心になります。6〜7か月頃には、見た瞬間に手を出して触りますが、いじれないモノには関心を失ってしまいます。しかし、9〜10か月になるとみえなくなっても関心を失わないようになってきます。さらに、いじる前にじっと見て、いじった後も確かめるようにじっとみたりもします。そして差し込んだりはめ込もうとするなど、少しずつモノへの関わり方が豊かになっていきます。この積み重ねが、1歳半頃のモノをモノとして使う力につながっていきます。

　養育者への関心も高まってきます。お座りしていると養育者をじっと見つめたりすることもあります（写真10）。おもしろいことをしてくれるかなとおとなに期待してみているのでしょうね。

（写真9）

（写真10）

④ どうおもしろい？……三項関係の成立

　保育者が連絡板に記述をしているとじっとみつめて近寄ってきて、保育者の持っているボールペンを取ろうとする。こんな場面からも、この時期の子どもは「おとなの意図」がわかるようになってきます。

　写真11の少し前に、養育者と目があったのできりんを目の前で動かして見せました。するとりょうくんの手が伸びてきりんを自ら持ち、養育者に「どう？おもしろい？」と言うように振ってみせたのです。

　おとながおもちゃを動かす（おもしろそう！）　→　子どもがおもちゃに関わる

→　やりとりを交代する……つまり、モノを通しておとなと関わることができるようになります。「おとな－おもちゃ－子ども」……これが「三項関係」とよばれるものです。

（写真11）

それまでは「二項関係」……おもちゃを触っているときはおもちゃに夢中で、人が相手をしたらその人に関わることでいっぱいでした。それが10か月頃になると、養育者が自分のために何かおもしろいことをしてくれるとわかり「期待してみる」ことができ、さらに「おもしろい」から「自らもそのモノを使って」おとなに働きかける……役割を交代します。やってもらっているだけの赤ちゃんとは違い、おとなに能動的に関わろうとするのです。

● 指さしも「三項関係」

ちょうど同じ頃（9〜10か月頃）「あっ、ワンワン」とおとなが指さすと、その方向をみるといった場面にであったりします。（写真12）しばらくして（11〜12か月頃）、自らが「アッアッ」と指（最初は手で）を指すようになります。おとなも「あっ、ワンワンいたね」と共感することばがけをすることでつながっていきます。ここでも、「おとな－ワンワン－子ども」……の三項関係が成立しています。

（写真12）養育者が外の友人に手を振るとみてまねる

● 三項関係で重要なことは

① ひとり座りが安定して、対象（モノや動物など）や養育者から少し距離をとって展開が見られることです。同じ視線になることが大切です。

② 養育者の行為を期待する心の働きが生まれることです。つまり大好きなおとなが何か楽しそうなことをしてくれそうと期待することです。

③ 伝えあう関係が、おとなと子どもの間に成立することです。楽しいことを私も伝えたいという思いが芽生えることです。

保育者が積んだミルク缶の「積み木」のところに、はるちゃんがきて保育者の顔をみています。そして目で「この積み木を倒してもいい？」と聴いているようです。保育者は表情で答えます（にっこり笑って。いいよ）。バァっと崩してまた保育者をみます。これが「社会的参照」と呼ばれるものです（写真13・14・15）。

（写真13）

子どもたちは、おとなの表情を利用するのが得意です。おとなが楽しそうな表情だとやろうとしたり、困った表情だと躊躇したりします。

少し大きくなると転んだときに、まるで「泣こうかな？」と確かめるようにおとなの顔をみて泣き出したりすることもあります。さらに大きくなると「いたずらをして、ちらっとみて、叱られそうにないなとわかるとまた始める」場面も目に浮かびます。この「社会的参照」は幼児になっても続いていきます。ゼロ歳児クラスから、おとなの表情をみて行動を判断する「社会的参照」が始まっています。

（写真14）

子どもはおとなの情動的な反応を読み取ろうとします。おとなも子どもの情動的な反応を読み取って対応します。この感情伝達の通路になっている

（写真15）

のが「表情」です。つまり、子どもにみせる「表情」は、子ども理解のためにも関係づくりのためにも、とても大切なものです。

❻ 「10か月の新しい力」を意識して保育する

　この時期の子どもは、部屋の中を自在にハイハイして動くことができ、興味あるものを集中してじっくりみて、真似したりあそび方を考えようとしたり、信頼できるおとなを見分け、おとなに能動的に働きかけようとします。

　私の保育者時代に、友人から（ゼロ歳児クラスを受け持っていることを聴いて）「良いよな、赤ちゃんは寝てばっかりで（仕事も楽だよな………という意味）」と言われたことがあります。現場にいる保育者はこのことばにみんな怒りをもつと思います。この「10か月の新しい力」を知っていたら「赤ちゃんだってすごいんだ！」と反論したくなりますね。

　「10か月の新しい力」は、１歳代の発達の基礎であり、１歳半の節（幼児期への橋渡し）を乗り越える力となります。そして、幼児へ続く力でもあります。だからこそ、保育者はこの「新しい力」を保育に活かしてほしいと考えています。

　そこで、大切にしてほしいこととして………ひとつは、「子どもが何をみつめているのか」よく観察してください。能動的に関わろうとする時期だからこそ、その対象をしっかり見ようとする時でもあります。その視線から、子どもの思い・気持ちを推測することも可能になってきます。

　ふたつめは、三項関係や社会的参照で述べたように「子どもたちにどんな表情をみせるか」を意識することです。おとなを通して子どもたちが興味をもってさまざまなモノや人に関わる力を身につけていくのですから、その表情を保育者も自らコントロールすることも必要ですね。

　そのためには……保育者が良い表情でいられるために、保育者がハッピーで過ごしてほしいと願っています。その手だてのひとつに、自分の保育を振り返りながら、辛いときには辛いと言え、職場で何でも話すことができる、そんなクラスの人間関係づくりができる職場が必要だと考えています。つまり職場の関係づくりも保育の専門性とも言えるでしょう。

\\ **2** 日目 /

子どもたちとの関係づくり、
ゼロ歳児の生活のあり方、
ゼロ歳児クラス後半の子どもの姿
（1歳半前後の発達）

　子どもたちとの関係づくりの話から始まり、ゼロ歳児の生活のあり方を考えます。そしてゼロ歳児クラス後半を想定した子どもの姿（1歳半前後頃の発達）を学びます。

 1 ## 子どもとどうやったら関係が
つくれるのだろう

　4月、子どもの泣き声が、仕事が終わってからもキンキンと耳の中で響いている時期です。どうしたら子どもが泣きやむのだろう？　本当に落ち着くのだろうか？　そんな不安が聞かれます。グループ討論で出されたことをまとめてみました。

❶ 発達を学び、子どもをよく観察することの大切さ

　「泣いている子を抱いていたら、幼児があそぶ姿をみて泣き止み、傍らでままごとのおたまを持たせると笑顔になりました。興味あるものをみつけられると落ち着くことが理解できました」（学習会の感想より）。

　泣いている子どもでも、能動的に環境と関わりたい気持ちはあります。泣き方を聴いていると（感じとると）、弱くなったり止まったりする時があります。その時に、何をみているのか（みようとしてるのか）を、子どもの様子をみて感じる－推測してみてください。そのためには子どもと同じ視界をみることが大切です。

　同時に発達を学ぶことで、「何がみたいのか、何が欲しいのか、どうしたいのか」という行動の意味やみようとしている世界の推測にもつながります。それが、子ども

の気持ちに立って考えること・どんな働きかけをしたら良いのかを考えることにつながります。

　よくみかける「気になる保育者の姿」として、子どもをうしろから急に抱きかかえて他の場所に連れて行く場面があります。散歩に連れて行く、食事で座らせるなど、抱きかかえる場面があると思いますが、その時に子どもが何をしているか（しようとしているか）、保育者がみてその子どもの気持ちに立って、ひとこと、声をかけ目をみつめてから抱っこしてください。「子どもが保育の主体」ということを忘れないでね。

② 生活の中で関係をつくる

　ゼロ歳児保育のなかで、生活の場面はとても大きなウエイトを持っています。授乳や離乳食・複数回の睡眠・排泄・衛生など、どれも重要です。

　赤ちゃんは泣いて「不快」の感情を表します。不快の感情は本能です。そのサインに気づき養育者が適切な養育をおこなうことで、「快」の感情が育っていきます。快は学習です。適切な養育を重ねていくことで「快」を学びます。その毎日の繰り返しのなかで、保育者と快い場面をつくりあげて、触れあったり笑いあったりしながら、子どもとの関係を育んでほしいと思います。

③ 環境設定も大切な要素

　「幼児の様子を見て泣き止んだ」り、「ままごとのおたま」をみて目がキラキラしたり……。友だちがみえる場所、大好きなおもちゃの設定、時には静かな場所、窓を開けて風がさわやかに吹き抜ける空間……こうした環境設定も関係づくりにおいて大切な要素のひとつです。

④ ひとりで抱え込まないで

　「保育者のまなざしや気持ちとともに、（保育者の）精神的な面もとても大事だと思いました。焦らずゆったりとした気持ちでていねいに関わっていきたい」（感想より）。「泣き止ませないと！」と思い保育者が抱え込むと、保育者自身も辛くなります。「焦らずゆったりとした」気持ちをもち、あたたかく子どもと接することが一番の「コツ」なのではないでしょうか。そのためにちょっとした「間」が必要かもしれません。抱

え込まず、ひと呼吸おいて、担任同士声をかけ合ったり、相談したり、助けを求めたりするなど、複数担任のチームプレー・協力がとても大切ですね。

 ## 2 運動発達で課題をもっている子どもについて

「10か月の子で、座位はしっかりしているけど、寝返りやずりばいなどをまったくしない。どうしたら良いでしょうか？」（感想より）。

「便利」な育児グッズが運動発達に良くない影響を与えているのでは……と講座でも話題になります。厚生労働省からだされている運動機能通過率＊も1990年以降徐々に運動発達が遅くなってきているのが現状です。講座でも、現場から発達の遅れを気にする声が多数寄せられます。このような子どもたちにどのような方針を持てば良いのでしょうか。

ゼロ歳児保育は、療育の領域も含まれているのではと考えるときがあります。具体的な園での子どもの姿や、家庭での様子などしっかり記録を取り、その子への願い（そして方針）をもってください。しかし保育で考えるべきことは、子どもとの関係をつくりながら、保育者が子どもの様子をよく観察し、何に関心を寄せているのかを探り、保育者があそびに誘ったり、動きたくなるような環境を設定したり、友だちの動きがみえるような場をつくったりするなど、楽しく繰り返せる具体的な取り組みを進めてほしいと思います。

また、ベビーマッサージや赤ちゃん体操などで、保育者が子どもに触れる機会をつくってほしいと思います。子どもの緊張をほぐし、子どもも快い感覚が得られ、その感覚が自らの運動につながっていきます。また保育者が触れることで、その子との関係づくりにもつながり、状態を常に知ることもできます。

こうした取り組みを、記録をとりながら進めていきましょう。それをまとめてクラスや園で検討する機会をもつことも必要ですね。

＊運動機能通過率とは、厚生労働省が10年ごとに乳幼児を対象に調査しているもので、首のすわりと寝返り、ひとり座り、ハイハイ、つかまり立ち、ひとり歩きの6項目が達成された割合を算出したものをグラフ化しています（p.15 表3・一人座り）

3 ゼロ歳児保育の基本的生活

　生活リズムづくりは、子どものもつ生理的なリズムを探り安定させていくことから始まります。そしてクラスの生活リズムとしてだんだんと整えていきます。毎日同じことを繰り返す生活が、生活リズムの安定につながり、子どもたちが快く過ごし、保育者との安定した関係づくりにもつながります。

　基本的な生活のつくり方・進め方も園の環境や考え方によってさまざまです。ここでは授乳や離乳食を中心にみていきましょう。

1 授乳

　ミルクを飲ませているときには、子どもも保育者も落ち着ける場所で、しっかりと赤ちゃんをみつめ、静かに声をかけて飲ませます。そして、ほ乳瓶の中から泡が出ていることを確認します。

　私も経験があるのですが、ミルクを飲ませていると、ほ乳瓶から出ていた泡が止まることがあります（写真16）。「あれりょうちゃん、もうお腹いっぱいなの？」と声をかけると再び飲み始めます。この休憩行動は、養育者から目を合わせて語りかけてほしいサインで、ほ乳類の中でもヒトのみにみられる行動です。子どもも保育者との関係を確かめているのでしょうね。

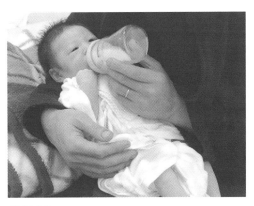

（写真16）

　なかなか、ほ乳瓶から飲もうとしない子がいて悩んでいたとき、ふと他の保育者が飲ませると不思議と飲み始めました。授乳はとても微妙なバランスのなかで成り立っているものです。他にも乳首を変えたり、ミルクの温度、時間などを確かめてみたり、カップやスポイトで飲ませた例もありました。

　大事なことは、焦らないで、家庭と連携をして、情報を集め、その子の様子をよくみて、その子にあった方法（抱き方、ほ乳瓶の角度、ミルクの温度など……）をクラスで探りながら進めていきましょう。

② 離乳食

食事のあり方はさまざまあります。ここでは基本的なことを述べます。

❶ 初めての「食事」との出会いをていねいにおこなってほしいということです。「食べる」は感覚機能の中でも、とてもデリケートな行為です。離乳食には段階があります。その段階を目安に慌てないでゆっくり進めてください。そして家庭といっしょに「伴走」して進めてほしいと思います。

❷「だれが食事の主役なのか」ということです。保育者が「食べさせる」という気持ちが前面に出ると、「スプーンを口に入れる」ことをまず考えてしまいます。そしてスプーンの引き抜き方も上方向に引き上げる＝おとなの力で上唇に取り込ませようとしてしまいます。

　食事の主役は子どもです。子ども自らがスプーンを引き寄せるのを、待ったり手伝ったりしてください。そして、子どもが自らスプーンを上唇で取り込むために、「スプーンをゆっくり平行に引き抜いて」ください。このスプーンの引き抜き方ひとつ取っても、保育者がどのような意識で子どもに接しているかが表れてきます（写真17）。「おとなが食べさせるのではなく、食事の主役は子どもである」ことをぜひ意識してほしいと思います。

　また完了食に近づくにつれ、自らスプーンを握って食べようとする姿もでてきます。完了食になると自食スプーンを用意している園もあります。その時に子ども自らが上唇で取り込みやすくできるように、まっすぐ前にスプーンを引き抜けるか確かめてください。ポイントは「肘の高さ」です。肘があがっていないとスプーンが曲がっ

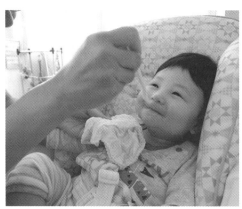

（写真 17）

てしまい上手に引き抜けないからです。保育者は肘を支える位置にいるでしょうか。保育者の援助する場所も大切です。

　食事の進め方は園や保育の考え方によってさまざまです。担当制をとって1：1で食事をおこなっているところもあれば、複数：1で進めているところもあります。それぞれの良さ（言い

換えるとどうしてその方法をとっているのか）を園の中で共有することが大切です。

私は、離乳食の段階では一人ひとりをていねいに見ることができるしくみをつくること、完了食になったら友だちといっしょに食べる楽しさ（写真18）もわかってほしいと、みなさんの話を聴いていて思います。

（写真18）

4　1歳代の発達

発達の話に戻って、ゼロ歳児後半を想定して、歩行の獲得、対象行為の獲得、ことばの発達、表象機能に触れながら進めていきます。

① 歩行の獲得

（1）立つ

つかまり立ちは9〜10か月頃に始まります。周りも「立つ」ことで成長を実感するのか、次に「歩く」ことを促す傾向が多いように思います。前述したようにちょうど「たかばい」の時期でもあり、保育現場としてはぜひ「たかばい」も促してほしい（環境設定を工夫するなど）と思います。

そして、自分の力で立てるようになるのは、12〜16か月頃です。「立つ」という行為は、直立姿勢を保つことでもあり人間特有のものです。そして直立姿勢ができるから次の歩行につながっていきます。その場で「立ち上がる」ことにも注意を向けてほしいです。

現場で「はじめて自らの力で立ち上がった」

（写真19）

子どもたちを見てきました。そのなかで「友だちの姿を見てすくっと立ち上がる」子どもに何人もであいました（写真19）。まさに周りの動きに刺激を受けて自らの運動を広げる事例のひとつです。

「自分でできるレベル」と「まだできないレベル」の間に「手伝ってもらったり刺激を受けながらできるようになるレベル」があります。これは「発達の最近接領域（ヴィゴツキー）」と呼ばれるものです。ゼロ歳児クラスにも、そんな場面がたくさん見られます。集団保育の魅力を感じることができる場面です。

（2）歩く

つかまり立ちからつたい歩きに移行していきますが、「歩く」ことを現場では急がないでほしいと思います。歩行の前段階として重要な運動は「ハイハイ」です。前述したハイハイの「でき方のポイント」をしっかりみてください。特に「足のけり、特に足の指が使えているか」と「交互性交差パターンが身についている（手足が交互に動く）」は、歩行と大きく関係しますので注意してみてほしいと思います。

12〜18か月頃は歩行完成の時期です。歩き方にも段階があります。最初は両手で大きくバランスをとって歩く「ハイガード」から、「ミドルガード」ではだんだんと手が下がり（写真20）、「ローガード」では手のバランスを使わずに足先でバランスが取れるようになる歩き方です。

「ローガード」になると、両手が空きます。すると、いろいろなモノを触ったり拾ったりということが出てきます。散策して「ステキなもの」を拾ったり・つかんだり・落としたりといった「ぶらぶら散歩」が楽しめるようになります。また友だちを求めて手をつないだりする姿もみられたりします。

段差・傾斜の道・あぜ道・砂利道・石畳の道など抵抗あるところを歩きたがることもあります。園の周りの散歩コースも安全で楽しめる場所を探したいですね。

（写真 20）

❷ 道具を使う（対象行為の獲得）

（1）手指の操作

　乳児期前半は親指と小指が同じ方向を向き小指からかき寄せるように動かしていたものが、乳児期後半になると親指は他の指と向かい合うようになり、11か月頃になると親指と4本の指が向かい合って「つかむ」動作が出てきます（写真21）。積み木や型はめなどの遊具で楽しめるようになってくる時期です。

　そして、だんだんと2本の指でつまもうとするようになります。しかしまだ上手につまめず他の指を使ったりもします。その時期の子どもの様子をみると、手つまみ食べの時に指が口の中に入ってしまったりもします。しだいに指の使い方も巧みになり、18か月頃になると2本の指でつまめるようになります（写真22）。この時期には手つまみ食べの時に指が口に入らなくなります。

（写真21）　　　　　　　　　　　　　　　（写真22）

（2）手首のコントロール

　12か月頃からごく簡単なつもりあそびをする姿が見られるようになります。あそび台を用意すると、コップやスプーンなども使ったり、ペットボトルを使ってコップに飲料を入れるつもりになってあそんだりもします。

　その様子をみると、18か月頃まではペットボトルを逆さまに持って入れるつもりになっているものが、18か月頃から手首を返して入れようとする姿に変わります。ちょうど水あそびの時期ならば、高月齢の子が手首を返す姿が観察できると思います。手首のコントロールができてくるのもこの時期の特徴のひとつです。

（3）道具への認識と対象行為が成り立つ条件

　18か月頃から、モノをモノとして使えるようになってきます。積み木を持たせた

ら積む、スプーンを持たせたら握って口に持って行く……他の道具も道具として使おうとするなど、認識面も発達していきます。

　このように道具を道具として使うことを「対象行為」と呼びます。この「対象行為」が成り立つためには、ここにあげた「手指の操作」「手首の返し」「道具を道具として認識すること」が必要です。これらのポイントを押さえながらの子どもたちをよくみてください。

③ ことばの獲得

（1）指さしの発達

　1日目の「三項関係」でも述べた指さしは、「ことばにならないことば」とも呼ばれたりもします。

　10か月頃にみられる「指向の指さし」は、おとなが指したものをみるもので、「うん、あったね」と気持ちは指さししている時期です。次は、自らが指をさし（最初は手でさしたりも）「アッアッ」とおとなに伝える「自発の指さし」になります。さらに、欲しいものを要求する「要求の指さし」も出てくるようになります。

　そして今度はおとなに伝えたいものを見つけ指をさし、そして伝えたいおとなの顔をみるという「叙述の指さし」が12か月頃から出てきます。伝えたいものと伝えたい相手がはっきりする時期です。このように能動的なコミュニケーションが始まってきます。

　18か月頃から「おめめはどこ？」「ワンワンはどれ？」といったおとなの指示がわかり指さしで応える「可逆（応答）の指さし」ができるようになります。「おもちゃもってきて」と伝えるとお手伝いもできるようになる時期です。

（2）受容言語と表出言語

　12か月頃にはおとなが言っていることがかなりわかるようになります。先ほどの「可逆（応答）の指さし」では、まだ話すことはできませんが、子どもはおとなのことばを理解していることがわかります。つまり受容言語（聞いてわかることば）は表出言語（話すことば）より先行していることがわかります。

　12か月頃から、表出言語（話しことば）として一語文から始まります。たった一語ですが、そこには相手に伝えたい気持ち・要求がつまっている、まさに「文」です。

　18か月頃から一語文が急激に増えてきます。それは「ワンワン」じゃない「ニャ

ンニャンだ」というように見比べる・区別する力がだんだんとついてくるからです。だから「ワンワン」だけだったのが「ニャンニャン」も出てくるようになります。

④ 表象の世界

そのものが目の前にいなくても「ワンワン」「ブーブー」と出てくるようになります。頭の中で思い描けるようになるからです。だから絵本のイチゴもつまんだりするようになります。

1歳後半になると、自分の生活場面をイメージして再現できるようになります。毎日繰り返しおこなわれる食事が一番多いと思います。そしておとなの真似もたくさん出てきます。つもりあそび（表象の世界をあそぶこと）ができるようになってきます。

友だちとニコニコ・ケラケラと笑いあい、触れあったり手をつないだり、目をあわせてまるで話をしているような場面にも出会います。集団で保育をするなかで、ことばのやりとりはないのですが、友だちの行動や表情をみて共振しあう姿が出てきます。ゼロ歳児保育の魅力がみえる場面ですね。

⑤ 一年を見通し計画的にすすめるために

ゼロ歳児クラスの子どもたちの月齢幅を考えてみましょう。産休明け（3か月）で入った子どもから、翌年3月の時点で一番月齢の高い4月生まれの子どもは23か月になります。つまり可能性としては3か月（写真23）から1歳11か月（写真24）の子どもがクラスに在籍することになります。

これだけの月齢幅がゼロ歳児クラスには存在します。そのためにゼロ歳の発達はもちろん1歳の発達も学ぶ必要があります。

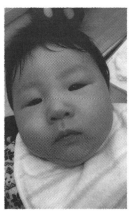 

（写真23）　　　　　（写真24）

ゼロ歳児のあそび

　ゼロ歳児クラスの担任になったときの悩みのひとつに「どうやってあそべば良いのだろう？」と多く出されます。幼児クラスとはあそび方が違います。どんなものがあるでしょうかみてみましょう。

1　あそびの種類

1　あやしあそび

　あやしあそびは、コミュニケーションの土台にもなる大事なあそびです。あそび方は、赤ちゃんをしっかり見つめてあやします。最初は養育者の「目」に反応します。次第に顔の全体や表情をみて笑うようになります。そうなると、あやし方もだんだん変化していきます。

　5か月頃には、赤ちゃんと養育者の相互作用のなかで声を上げて笑いあうようになります。これは「おはしゃぎ反応」と呼んでいるもので、とても大事なものです。ぜひ1：1でしっかり関わってあやしあそびを楽しんでほしいです。

2　揺さぶりあそび

　養育者が自らの身体を使って子どもの身体を揺さぶるあそびです。乳児期前半は養育者がだっこをして優しく身体を揺さぶります。乳児期後半になると、ハンモックあ

そびやおとなが仰向けになり肘に赤ちゃんを乗せるなどした揺さぶりあそび（お座りができるようになるのを目安に）が楽しめるようになります。揺さぶりあそびは、自らでは得られない感覚が経験できることや情緒の安定につながったり、何よりも楽しいことをしてくれるおとなと仲良くなることができるあそびです。

③ 感触あそび

　水や土、砂などの自然物や、食品、または身近な素材を利用して、触れることで心地よい感触を経験するあそびです。乳児期で経験した心地よい感覚受容は、神経系の育ちにとても重要であり、その感覚受容が他の運動の可能性にもつながっていきます。しかし、大切だからと無理強いせずに、機会をたくさんつくりながら、少しずつ楽しめるように工夫してみてください。

④ 運動あそび

　戸外の安全な場所で、這ったりつかまり立ちしたり、歩いたりすることも楽しいですね。さまざまな快より刺激にも出会えたりもします。また室内でも大型遊具や運動教具を組みあわせて（安全面も留意しながら）あそびを設定してみてください。

　ハイハイができるようになった時期に緩やかな斜面を用意すると、登ろうとしたりそのまますべったりを繰り返して楽しむ姿が見られたりします。ちょっとした隙間（トンネル）を設定すると、最初は険しい顔をしながら中から出たときに安堵の表情を見せる子どももいます。

　子どもの年月齢や運動発達にあわせて、布団山や斜面・トンネル・階段・箱押しなど、さまざまな大型遊具などを利用して、室内で身体全体を使ってあそべるような機会をつくりましょう。

　ゼロ歳児は、幼児のように声かけだけでは動けません。子どもたちが運動を楽しむためにはいくつかの手立てが必要になります。まずひとつには、「動きたくなる環境をつくる」ことです。ふたつめには「大好きなおとなが誘う」ことです。そしてみっつめは「友だちのまねっこからうまれる運動」です。どれも保育者の意図的な働きかけが必要になります（4日目の環境設定でもお話しします）。

5 おもちゃであそぶ（手づくりおもちゃを考える）

　赤ちゃん用のおもちゃは、市販されているものもたくさんあります。どんなおもちゃを選んだら良いのか、ここでは運動発達をもとに考えてみましょう。

（1）仰向けの時期

　この時期は、仰向け状態から視覚で楽しめる吊し玩具がまずあげられます。手づくりおもちゃでも、紙皿など身近にあるものを利用しながら、輪郭やコントラストがはっきりした顔（動物の顔など）を描いた吊し玩具（写真25）など、ステキなものがありました。他にも手を伸ばせば届くような吊し玩具もいいですね。また感触の良い安全な握り玩具もとても良いと思います。

（写真 25）

（2）ハイハイの時期

　うつぶせでおとなと向かい合うことを想定します。正面から養育者があそびに誘い、手を伸ばして取ろうとしたり触ったりするおもちゃが適しています。「よいさっさ人形」（写真26）など正面から動かして、時にハイハイを誘ったりもします。また、触ると音が出るもの、回るものも大好きで、手回しコマなどおとなが回してみせると触りに来たりします。パッチンボード（写真27）も、這う子どもの高さに合わせたものも用意してあると良いでしょう。

（写真 26）

（写真 27）

（3） お座りの時期

　これまで触るだけのおもちゃも、座って手にとってじっくり見つめたりします。積み木なども最初は打ち付けながらじっくり観察して次第に積もうとしたりもします。まるで操作方法を考えているようです。また壁に掛ける前述のパッチンボードなど、高さをあわせて座ってじっくりとあそべるようになります。

　おとなとおもちゃなどのやりとりもできるようになります。「ちょうだいな」「はい、ありがとう」とおとなと交互にモノのやりとりをする「関わりあそび」も楽しめるようになります。

（4） 立つ、歩けるようになると

　箱車を押して歩いたりするなど、あそびに動きが出てきます。またあそび台など用意し、そこにコップやお皿、ペットボトルの手づくりおもちゃなどを利用して、簡単なみたて・つもりあそびが18か月前後から楽しめるようになります。

（5） 手づくりおもちゃ

　みなさんに持ってきてもらった手づくりおもちゃを交流し合いましょう。先ほど話をした運動発達と関連させながら、その子の興味のあるおもちゃを考えてつくってみたらどうでしょうか。

　手づくりおもちゃのメリットはこんなことが考えられます。まずは「身近なものを利用」できることです。そのため「安価」です。また保育者が素材に気をつけて「安全」なものがつくれること（口に入れることを想定して）、子どもの「興味にあわせた」ものがつくれること（色や形・感触などを大切にして）、そしてなによりも、つくり続けることで「市販のおもちゃ」の基準もみえるようになるなどがあげられます。

　仲間同士で楽しみながらつくってみたらいかがでしょうか。つくってあそばせ方も工夫し、その様子を記録して見返すことで、さらにあそびが広がるヒントが得られ、次の手づくりおもちゃに発展することと思います（それは園の財産になります）。

　また、手を伸ばすとおもちゃが届く、すぐに触ってあそべることも考えて設置してみてください。子どもたちの姿勢を考えて、おもちゃの設置場所を考えるのです。仰向けの時には吊り玩具が手に届いたり、ハイハイの時にその姿勢で手を伸ばして取れる位置におもちゃが置いてあったり、お座りが主流になってきたら、座ってあそべるおもちゃやパッチンボード、壁を利用した手づくりおもちゃなどもあるといいですね。

② あそびの視点

　ゼロ歳児であそびをすすめるために、大切な視点は何かを考えてみましょう（おもちゃであそぶことも大事な視点ですが、前述したので割愛します）。

❶ おとなとあそぶ

　年月齢が低ければ低いほど、おとなへのあそびの依存度は高まります。子どもが始めにおもちゃに関わろうとするときに、その意欲を支えるのもやはり大好きな信頼できるおとなです。おとなが関わることであそびを始めたり広げたりします。
　あやしあそび・揺さぶりあそび・関わりあそびをしたり、わらべうたをうたったり、絵本の読み聞かせをしたり、絵本を使ってあそんだりするなど、おとなが関わってあそびます。

❷ 友だちとあそぶ

　ゼロ歳児クラスの実践の中に、ハイハイして追いかけあったり、干したお布団に寝転がって友だちと顔を見合わせて笑いあったりなど、ゼロ歳児でも友だちと共振する場面がたくさんあります。

（写真28）

（写真29）

この写真28・29の事例は、友だちが型はめをしていると、同じものを持ってきてじっと見つめている子がいます。そして、そのうしろに座り込んで型はめのまねっこしています。友だちがいるからあそびが始まる・広がる・深まる、そんな場面が保育園にはたくさんあります。大事にしたいものです。

③ 身体を使ってあそぶ

子どもは、発達するにつれて身の回りに関心を広げて動き出し、しだいに全身を使って自在に移動手段を獲得していきます。

1・2日目で話した発達をもとに、クラスの子どもたちの姿勢・移動の発達の推移を考えてみましょう（表4）*。4月は仰向けの子どもやハイハイして動く子どもがいます。仰向けの時は、吊り玩具を目で追い、しだいに手を伸ばし、寝返り・うつ伏せ・首が上がってくると正面の世界に手を伸ばし、やがてハイハイが始まります。仰向けの子どもとハイハイの子どもの空間を分けて、それぞれが身体を使ってあそべることを保障しましょう。

7月になると歩き出す子どもたちも出てきます。10月は歩ける子どもたちも増えて、1月にはほぼ全員が歩き始めていることがわかります。戸外へもしだいに出られるようになります。安全な場所で十分に動ける空間を保障したいですね。室内では、安全面を確保しながら、大型遊具や運動教具を動きに見合った設定をして、子どもたちが身体を使ってあそべる機会をたくさんつくって欲しいです。ときには動ける環境を常設して、機会を増やしてみるのも良いと思います。

ゼロ歳児期には、その子の発達やタイプにも合わせていきながら、身体をたくさん使ってあそべるように、ぜひ工夫してみてください。

表4）年間の姿勢・移動発達の推移例

		4月	7月	10月	1月
（仰向け）	6ヶ月未満	●●● ●●●			
（ハイハイ）	6ヶ月〜12ヶ月	●●● ◐◐◐ ●●●	●●● ◐◐◐ ●●●	●●◐ ●●●	
（立つ）	12〜18ヶ月	●●● ●●◐	●●● ●●	●●● ●●	●●● ●●● ●●
（歩く）	18ヶ月以上			●	●● ●●

*この表はゼロ歳児クラスの一年をイメージするために、4月に定員がそろい月齢がバランスよく離れているクラスを例にして、年間の「姿勢」「移動」発達の推移を図にしたものです。

＼**4**日目／

環境設定について
考える

　最終日の今日は、ゼロ歳児クラスにおいての環境設定テーマについて学び合いましょう。環境を構成する要素を学び、どのような視点で環境設定をおこなえば良いのか考えていきます。

1 ゼロ歳児クラスの環境設定を考える

1 環境を構成する要素

　まず、環境を設定する前に、環境にはどのような要素があるのかおさえておきましょう。

❶**室内の管理**：温度や湿度、風通し、空気の入れ換えや、採光や光の調整、遮音なども入ります。

❷**人的環境**：保育者の声量や動き・雰囲気や動線などです。また子どもの動線も考える必要があります。

❸**空間のつくり方・活かし方**：あそび・食事・睡眠の分離や、年月齢に応じて安心してあそべるよう部屋を区切ったりします。また保育室以外の利用、戸外の活用も入ります。

❹**物的環境の把握**：保育室に固定してある家具、園内にある大型遊具・運動教具・小型遊具（持ち運びが容易・折りたためるもの等）の把握と計画があります。またおもちゃ（手づくりおもちゃも）の選定・計画的な設置も含まれます。

❷ 環境設定の視点とは（構成する要素を考えながら）

（1）生活を進める環境……毎日の繰り返しで大切にしたいこと

　ゼロ歳児保育の課題でもある安定した生活リズムをつくるためにも、毎日の生活の繰り返しは大切です。そのためには過ごしやすい環境設定が必要になってきます。例えば、「ゆったりした授乳の場所」で、赤ちゃんも保育者も落ち着いて授乳ができるようにソファを置いたり目隠しをしたりなど工夫している園も多くあります。離乳食も、発達に応じて集中して食べられるようなイスや机の配置や保育者の位置なども大切になります。またスプーンやお椀なども発達に応じて使いやすいものを選びます。

　午睡では、どのようなベッドを、いつまで使用するのかなど考えることや、（1歳児クラス以降に向けて）手洗いや着脱ではタオルやパンツ台などの配置も必要になってきます。

（2）落ち着ける空間づくり

　厚生労働省のガイドライン*を参照して室内の管理（部屋の温度や湿度など）を進めましょう。光の調整では、蛍光灯の光は意外と強いこともあり、布を天井からふんわりかけて調整しているところもあります。

　遮音は悩みのひとつです。まだ音を聴き分ける力が弱いこともあり、室内の音にすぐ反応してつられて大泣きしてしまう姿も見られます。園全体での配慮やクラス内での工夫が求められます。換気は、まめに窓の開閉をおこない、自然な風を取り込んだり、子どもたちにも外の雰囲気を感じさせるようなことも大切ですね。

　保育室は、ゆっくり眠れる場所・落ち着いて授乳−食事できる場所・全身を使って動く場所・集中してじっくりあそべる場所などさまざまな役割が必要で、それがきちんと分離していることが理想です。また、それぞれの条件に合った形で部屋を「区切る」工夫が必要となります。狭い空間を区切る大変さもあります。兼用しながら時間でその空間の役割を変えていくことも珍しくありません。そこで保育室以外の場所の利用や戸外を活用することも考えてみてはどうでしょうか。

　人的環境も、落ち着いて過ごすために大切な要素です。保育者の持っている雰囲気や声量・動き・関わり方、そして動線など大きく影響があります。特におとなの動線

---

*夏期：26〜28℃・冬期：20〜23℃・湿度は約60％にするなど、2012年に厚生労働省から保育園の環境ガイドラインが出されています

は、おとな（自分を）を赤ちゃんに置き換えると、4メートル近くの人間が「まだおむつ替え終わってないの！」と言いながらドタドタ歩いてくるようなものです。保育者の動線は子どもへの影響も大きいことがわかります。

つまり保育者一人ひとりの保育の姿勢が大切です。それは声量・動き方・関わり方などに表れたりします。発達理解や子どもとの受容的な関わり方を意識し、自身の持っている雰囲気も自覚しながら動くことが、専門的な仕事として求められます。

また「柔らかさ」や「あたたかさ」を大切にして、居場所をつくることもあります。そして室内装飾も落ち着いて過ごすためにも必要なものです。

（3）動きをつくる環境

環境設定を意図的に変えることで「動き」を促すことができます。

例えば……ゼロ歳児クラスでベッドを保育室の中心に置き様子をみることに。ベッドの下を「バァー」とのぞき込む子が何人も出てきました。その一人のりょうたくんは、のぞき込むだけでなくベッドの下をくぐりだしました。りょうたくんにとってベッドの下は「くぐるもの」にみえたのです。その後もベッドの下をくぐるあそびを楽しみ、それが他の子にも刺激となって「動き」が広がりました。

大型遊具などで「斜面」や「階段」を設定すると、喜んで登りにくる子もいれば、近くでみている子もいます。同じ設定でも子ども一人ひとりによって環境からの情報の受け取り方に差異が出ることで動きの出方が変わっていくのです。当然、月齢によっても動きの出方は異なりますし、個人差・個性もあります。そこで、同じ「くぐる」でもさまざまな「くぐる」設定を保育者は工夫すると良いと思います。それだけ動ける機会も多くなってきます。

園にある大型遊具や運動教具（ゼロ歳児クラスの保育室にも専用のマットがあると良いと思います）をまずリストアップしてみましょう。そしてp.35・表4を参考に、クラスの子の年齢をもとに年間の大まかな設定の計画を立ててみてはいかがでしょうか。実際におこなう時は、安全を考えながら楽しめそうな設定を複数（子どもの動きによって設定を変えるなどの臨機応変な対応も）おこなってみてはどうでしょう。何度も設定しながら子どもをよく観察し、保育者の工夫や発想も活かしながら、そのクラスのその時期の子どもたちに合った「うごきたくなる環境」を設定してみてください。

クラスの子どもたちや、動いてほしい子どもたちにぴったりあった設定が見つかったら「常設」する手もあります。常設することで運動する機会が繰り返し保障されることにもなります。

（4）子どもが「みる」ことを想像した環境設定

　おもちゃの選定でも、子どもがどのような姿勢でみるかが大事であると話しました。環境設定でも「どのような姿勢でみているか、どのような移動が多いか」によって環境の設定も変わっていきます。仰向けの子どもたちには？　腹ばいが多い時期には？　どんな「風景」を見せたいですか？

　ベッドの下に動物の写真や友だちの写真を貼っているクラスがありました。ハイハイして写真を見にいったりする子どもがほほえましかったです。またベッドの下に布を垂らし、ちょうどお座りして顔が隠れる場所ができたりします。子どもの目線にあわせて環境を設定するという視点も大事です。

　「友だちの動きがそばにいて、みえる」環境も大切だと感じています。仰向けの時にも、隣の友だちがいることで感じることができます。10か月頃では、友だちの動きをじっと見てまねする姿もあります。18か月頃には友だちのマネをして、いっしょにケラケラと笑いあう姿も見られます。保育者が意識して、友だちのあそんでいる様子や動きをみえるように環境を設定しましょう。まず「保育者」がどこにいれば、友だち同士がみあえるようになるのか考えてみます。自分の位置が環境設定のなかで重要だからです。また複数のあそびコーナーが円で結ばれている設定にすると（サーキット状）、友だちの動きも見やすくなったりもします。

（5）ゼロ歳児クラスも保育園の一員

　幼児にとって、保育園すべての環境は生活しあそびを生み出す場所でもあります。一方、ゼロ歳児クラスは保育室内だけで過ごしているところも少なくありません。もちろん、安全を確保することが重要なことです。しかし、ゼロ歳児でも、階段であそんだり、ベランダで過ごしたり、玄関ホールで友だちを追いかけたりしても良いのではないでしょうか。

　ゼロ歳児にとっても、運動がうまれる、あそびが広がるきっかけとして、園内のなかで利用できる場所があっても良いと思います。もちろん職員の合意の上ですが、ゼロ歳児も園の一員として楽しめるスペースを広げてあげてほしいと考えます。

ゼロ歳児保育は 専門性の高い誇りある仕事

　講座に参加されたみなさんの感想をまとめることで、「共通の悩みがある」ことや「学びを共有」することができました。また、みなさんから多くのことを学ばせていただきました。

　講座を続ける中で、私自身も確信できるようになったこととして、2つのことを最後にお話しします。

　ひとつめは、「赤ちゃんは能動的なもの」であることです。「何もできないのが赤ちゃん」なのではなく、積極的に外の世界と関わろうとする存在であるということです。そんな赤ちゃんが、何に興味を持ち、何を見つめているのか、何に手を伸ばそうとしているのかを探ってほしい、そこに保育のヒントが必ずあります。

　ふたつめには、子どもがハッピーに過ごすためには、保育者の笑顔が必要です。だから保育者もハッピーに仕事をしてほしいと願います。そのためにも、自信をもって働ける保育現場であってほしい、もっと仕事に見合った処遇に改善してほしい、社会的に保育の仕事をもっと認めてほしいと、私も声を出していきます。

　保育は誇りある楽しい仕事であること、そしてゼロ歳児保育は専門性の高い仕事であることを伝えたい……と講座を続けながら思っています。

　この講座も、そのほんの少しでもお役に立てたらと思っています。

　ご清聴ありがとうございました。

1

歳児

＼ 1日目 ／
乳児保育の目的と
子ども理解・発達援助

はじめに

　乳児保育の目的は、個人に注目し、子どもの能動性を持続させることを通して心理的にも身体的にも成熟し、調和のとれた人格の基礎を形成することです。この目的を達成するために、保育園では家庭と連携して子どもに身体的情緒的な安心感を提供し条件を整え、個々の能力に注目し、さまざまな経験の獲得を保障し、多面的な成長を援助します。

あそび、学ぶ権利の主体としての子ども
── 一人の人として対等に向き合い営まれる保育

　乳児期の子どもたちは、おとなの援助なしで自らの権利を行使することも難しい弱い立場におかれています。子どもの「自分のテンポで発達したい」「他と比較せず自分を見てほしい」「これがやりたい、これはやりたくない」など、マイナスにみえることがらもすべてその子の「願い」や「思い」であることを理解し、保育を進めていく必要があります。例えば、クラスに10人子どもがいたとして、保育者は一人ひとりの子どもの人格のタイプや、何が好きで何が嫌いか、どんな感情や要求をもっているか、を知ることに力を注ぎ、その一人ひとりにどういう援助の可能性があるかを考えることが必要です。10人に同じ方法で教育するのではなく、個々に合った方法を見つける努力をします。そのためには子どもの多様な面を見つけ、良いところを引き出し、おとながクラスに一律の課題を設定するのではなく、「子どもから始める」保育を追求します。子どもたちは、自分にいちばん合った方法で教育されることを望んでいます。

42

「一人ひとりの違いに敬意を払う」と表現した方がいましたが、とても深い意味があると思います。それぞれの保育者がそのことばの表すものを受け止め、「教育する者の哲学」として心に刻み、常にそこに立ち返ることが大切だと思います。

 ## 2 1歳児の発達をとらえる

子どもを知るためには、発達を知ることが大事です。

子どもは、部分に分けて発達するのではなく、すべてが関連し合い総合的に発達していきますが、保育者がいくつかの視点をもって発達をとらえることは重要です。

❶心理的情緒的発達と社会化
❷健康的身体的発達・感覚器官と運動発達
❸知的発達、認識過程、言語の発達

主に、この3つの視点で発達をとらえていきたいと思います。

1 心理的情緒的発達と社会化、自我形成の時期

子どもは誕生した時から長い時間をかけて、「私」「自分」というものを形づくっていきます。「私」という意識が最初からあるのではなく、愛着関係にあるおとなとの情緒的結びつきを深めることによって、自分と自分以外の人を徐々に区別していきます。そして、1歳半ごろから他者と違う「自分」を意識し始めることで「自我形成」の時期にさしかかります。これは将来にわたって、アイデンティティー（自我同一性）を形成していく上で、とても大切な一歩です。自我同一性とは、時間や場所が変わっても私は私であり、私自身とのみ同化でき、他者と区別できる「自己像」があるということです。これは、「私はこう感じ、こう考える」「こう考えてこうした」と自分の考えを認識する力になり、他者理解の基礎になっていきます。1歳の後半から2歳にかけて、自分の名前で要求を言うようになるのもこのためです。

そしてこの自我形成を支えるのが、「愛着関係」にある「特定のおとなの存在」です。自分の欲求を満たしてくれる「特定のおとな」が、自分の内面を読み取り、理解して

くれる双方向の情緒的関係により、相手の「こころ」も捉えられるようになり、人格形成に大きな役割を果たしていきます。そして、この育ちは、自分で決断する機能を育て、自律性、自己抑制の能力の発達を促し、人格の価値基準の基礎をつくると言われています。

資料1）3歳未満児にとっての特定のおとなの役割

●よりどころとなる「特定のおとな」が変わらず存在するということが重要
●安心できる「対応」が必要なのではなく、安心感をもたらしてくれる「人」が必要
●「特別な人」だから必ず助けてくれる、今対応できなくても必ず助けてくれると感じることができる（内面の像・基本的信頼感）
●子どもの側から、おとなに対して、自分にとって「特別な人」という働きかけがあることが重要
●3歳までに「特定の人」の存在が、その役割を果たすことが、人格形成上重要
↓
生涯にわたって、基礎になる

「私」がわかる（自分のこころに気づく）

●「私」というものは、初めからあるものではない。他者（愛着関係のある「特定のおとな」）との関係でつくりあげられるもの…
●徐々に、環境（人、物）と自分を区別（分離）できるようになっていく
↓
「時間や場所が変わっても私は私」「自分が感じていること・考えていることがわかる」
●愛着関係にある養育者が、自分の基本的欲求を満たしてくれることに気づき、情緒的つながりが形成される（養育者の緊張も感じ取るようになる）
共感できる相手を模倣しようとする

自分のこころと相手のこころがわかる

●自分自身が、他者に変化をもたらす存在であり、価値ある存在であるという感覚
↓
おとなは、赤ちゃんの表情やしぐさを読み取り、伝える
↓
この不快な感じはお腹がすいているということなのだ
このイライラした感じは怒っているということなのだ
↓
自分の状態を相手の読み取りで理解
特定の他者との安定した関係の中で、自分のこころ（内面）、相手のこころ（内面）がとらえられるようになっていく

社会化の基礎・価値基準の基礎を決める

●模倣する対象者との関係が社会化の基礎となる（情緒的同一視・従属モチーフ・規範意識・倫理観・禁止とふるまいなど）
●モデルとなる人格と自分を同一視——その人格の性質や感情が子どもの人格の中に構築される。
●モデルとなる人格をもった養育者に共感してルールやノルマを自分の中に形成していく

愛着関係にある人（特定のおとな）が、情動をコントロールする方法を提示してくれる

《自分の中に不安・戸惑い・困惑などが生じた時》
●自分が困惑していると必ずそばに来て助けてくれる。という確信をもつことができる。（安心の基地）（養育態度が一貫しており、予測しやすい）
●自分自身の混乱しているものを整理し、自己抑制（コントロール）していく。気持ちを切り替えて、自分を解放し、創造的に対応
●ネガティブな情動を制御する有効な対処方略を学習することができる（自己コントロールの方法）
●子どもの不安を我が事のように対処し、喜びや誇りにしてくれた人の存在が、自分に対する自信と誇りをもたらし、自律性を育て、自分で決断する機能を育てる（私の強さ・意志の強さ）
●アタッチメントがシステムとして働き、生涯を通じて存続する（内面化しさまざまな場面で適応）
新たな人物との関係で結ばれたアタッチメントによって補完されていく（より複雑かつ多様になる）

資料2）子どもの欲求・愛着理論（特定の他者との結びつき）

●人間のモチベート（動機づけ）に関する理論：マズロー

マズローの基本的欲求・五大欲求
個人というものは統合され組織され
た統一体である

《安全（安心）の欲求》
（安全・安定・依存・保護・恐怖、不安、混乱からの自由・構造、
秩序、法、制限を求める欲求・保護の強さなど）

＊平均的な子どもが新しくてなじみのない奇異で上手にあし
　らえない刺激あるいは状況に直面した時、危険反応、恐怖
　反応が生じることがよくある。例えば、迷子になったり、
　両親とほんの短い間離れたり、新しい顔ぶれ、新しい状況、
　新しい課題、奇異ななじみのない光景、制御できない対象
　物、病気、死などに直面した場合などである。
＊子どもは予測でき法則性のある秩序だった世界を望んでい
　るように思われる。

出典：『人間性の心理学—モチベーションとパーソナリティー』
A.H.マズロー 著・小口忠彦 訳（産業能率大学出版部／1987年）

●個人が安定した「愛着形成」をつくること：ボールヴィー

・ネガティブな情動状態をアタッチメント（愛着）行動（子どもが出すシグナル）で制御・低減される
　ことにより、自らが安全であるという主観的意識をもたらすことをアタッチメント機能という。
　<u>情動制御システムとしてのアタッチメント関係…依存性とは明らかに異なる概念</u>

▶ 生後2年頃まで養育者に支えられながら（困った時は助けてもらえる「安心の基地」として機能）
　養育者とのやりとりの中で歪曲することなく情動の制御を図る
▶ 養育者から望む関わりを引き出すための行動を選択し、アタッチメント行動が、徐々に目標修
　正的に組織化されるようになる

 脳神経系や認知機能の成熟とともに
（無意識、自動的な情動喚起の自己調整）
（1歳半ごろから内的作業モデルを心に表象）

▶ 養育者の助けを借りずにひとりで情動制御できるようになり、均衡が取り戻される
▶ パートナーシップの形成…話し合うこと、分かち合うこと、交渉することなどは、目標を達成
　するためや人と関わるための手段となる（将来他者との関係性を構築し維持する能力）
▶ 強い情動が喚起された時でも、自身で調整する努力をし、困難な時は他者の助けを借りて情動
　を自由に表出しつつ、調整を行い、均衡を取り戻すことを学んできている
▶ モデルに支えられて、種々の出来事を知覚し予測し自分の行動計画を立てることが可能になる
　（新たな対人関係や新たな経験に出会った時にも適応される）

出典：『アタッチメント—生涯にわたる絆』
数井みゆき・遠藤利彦 編著（ミネルヴァ書房／2005年）

　誕生した時から「重力」の感覚を体験し、重力に逆らって首や胸を持ち上げ、寝返り、ハイハイ、と身体の動かし方を練習してきた子どもたちは、１歳になる頃、その成果として、「歩く」ことができるようになります。重力と運動、筋肉や関節の感覚を脳に伝えながらすべてを統合させて、立ち上がり、歩き、移動することを獲得します。自分が行きたいところに自由に移動できる喜びはひとしおでしょう。この時期は動きを要求する年齢でもあります。

（１）身体像（ボディーイメージ）の獲得
　そして、さらなる身体の使い方の練習の成果として、自分の「身体の地図」が描けるようになります。自分の身体がどこからどこまで伸びているか、目で見て確認するのではなく、「内的な感覚」として「身体像（ボディーイメージ）」を獲得します。自分の頭や背中、おしりなどは、自分では見えないけれど感覚としてわかるということです。それまで不鮮明だった身体の境界線もはっきりしてきます。身体像の形成は「自我形成」とも深く関わっているといわれています。身体的統一体へのイメージは、独立した存在としての「自分」を感じ取ることと不可分に結びついているといえます。
　１歳児が、小さな隙間や箱の中に入り込む（写真１・２）。洗面器の中に無理やり入りしゃがみ込む（写真３）。頭にバケツをかぶる、スカートをあるだけはきたい（写真４）など、１歳前半のこのあそびは、自分の身体の大きさを理解しようとする行為ともい

（写真1）

（写真2）

（写真3）

（写真4）

えるでしょう（写真5・6）。この時期、「自分の身体を知ろうとしているのだ」と考え、練習のための遊具や道具をそろえる必要があるでしょう。

（写真5）　　　　　（写真6）

（2）「平衡感覚」など多様な動きの練習

　1歳児は自分の身体を平衡に保つ（平衡感覚）練習もさかんにおこないます。

　歩き始めたとはいえ、まだまだ安定した姿勢を保つまでには、いくつかの経過が必要です。平衡感覚の獲得は五感を使うのと同じくらい重要なことなのです。自分の身体を知り、安定した状態に保つことができなければ集中して指先を使うあそびもままならないし、自分の身体に不安を抱えていると情緒も安定しません。身体に不安感のある子どもが自己防衛の行動を起こすこともよくあることです。

　ここで保育者を悩ませることが、この時期の子どもは、うまく登れないのに、おもちゃの棚でも机でもどこでも足をかけて登ろうとしてしまうことです。クラスのおとなたちは「登ってはだめよ」と言い聞かせますが、子どもの身体が要求していることなので、自分でコントロールするのが難しく、やめてもまた同じことをやってしまいます。解決は意外と簡単で、部屋の中に、効率的に平衡感覚の練習ができる遊具やコーナー（粗大運動コーナー）を整えることで、子どもの発達欲求を満足させることができるのです。（p.51「1. あそびから発達をみる①身体の使い方を練習するあそび」で紹介）

　1歳児担当者からは、「あんなに戸外でたくさん走ったのにまだ運動欲求があるのですか？」と質問を受けることがありますが、単純に動くということではなく、さまざまな姿勢を体験して、あらゆる場面での重心の移動の練習を要求しているといえます。外でしっかり走ったから満足したという性質のものではありません。身体の動きが変化に富んでいればいるほど、正確な身体の地図を描くことができます。動きの際の筋肉の収縮、関節の情報を脳に伝え、統合し、自ら組織化できるようになれば、もうその練習は必要な

（写真7）

なります。集中して穴おとしをやっていた子が、それが終わったとたんに棚に登ろうとすることはよくあることです。この時期の子どもは、体幹を収縮させ同じ姿勢を維持することに限界があり、筋肉を収縮させたら、身体を開放し、違う部分を使い、大きな動きをしたくなるのです（写真7）。これはおとなの仕事の場面でも、同じ姿勢への負担から、立ってデスクワークができる環境を整えている企業があることでもわかります。

③ 知的発達・認識過程・言語の発達

　1歳を過ぎたころから、一語文が出てきます。食事はマンマ、車はブーブなどシンボル化して言うようになり、欲しいものをはっきり指でさし、1歳半頃になると、「○○はどれ？」という質問に指さしで答えるようになり、指さしとことばが結びつくようになります。

　体幹がしっかりしてくると、肩から腕、手や指がしっかり動き、細かいものを少しずつ扱えるようになってきます（写真8）。発達欲求にふさわしい遊具があれ

（写真8）

ば、「この穴の中には何がはいるかな？」など、思ったことを実行に移すようになります。「身のまわりにある物の性質を知りたい」という欲求に基づいて、物と物との組み合わせを試します。多様な行為を繰り返す中で、この洗面器は、だいたいこれだけのものが入る大きさなのだ。入れるものと入れられるものとの関係はこうなっているのだなど、あらゆることを認識していきます（写真9・10・11）。

（写真9）

（写真10）

（写真11）

特に乳児期に特徴的なことは、「行為する」ことがすべての認識の始まりだということです。脳が命じたことを自分の身体で行為し、体験したことを記憶に残しながらさまざまなことを理解していきます。すべての感覚器官や身体のあらゆる部分をフル回転させて、自分を取り巻く世界を知っていきます。運動発達と知的発達は同時に進行します。したがって子どもの動きを止めたり、

（写真12）

同じ姿勢を維持させる活動を強要することはなるべく避けるようにし、準備された環境の中から次に取り組むべきものを子どもが見つけて、自分からあそび出す意思や意欲を育てていきます。子どもの自ら始めたことへの向き合い方や、誰にも支持されず自分で見つけたあそびに集中するエネルギーには、発達の芽が隠されています。

収集あそびがさかんになると、いろいろなものをかごや洗面器にいっぱい集めるようになります。持てないほどいっぱい詰めて「重さを感じたい」「量を増やせば重くなる」など物の性質や要素、関連、仕組みなどをあそぶことで知っていきます。あふれんばかりにバケツにチェーリングをいっぱい入れ、満足している姿をよくみかけます（写真12）。

保育現場ではここで困ったことがおきます。誰かが物を集め始めたら、同じようにあそびたいという子が現れ、おもちゃの取り合いになったりします。おとなはこんなにいっぱい持っていったら「○○くんがあそべないから少し分けてあげて」と言いたくなりますが、集めるという行為はどういう意味があるのでしょう。今までさまざまな物をバラバラにいじってあそんでいたのが、集めることができるようになります。物も心もまとめて、「所有する」ことが、自分を感じているようにも見えます。「自我形成」の時期、自分の集めた物は自分自身を表すものだといえるのではないでしょうか。

おとなも含めて人は自分を表すものを、所有する物で表現することがあります。お気に入りの服やバッグなどの持ち物に他と区別する自分自身を表す何かが表現されています。子どもたちが自分を形成しようとする時、「所有感」を満たすことを認めてあげたいものです。クラスのおもちゃは共同で使わなければなりません。そこにはクラスのルールが必要になりますが、○○くんが集めた物は○○くんそのものです。それを分けてほしいときは、保育士が決めるのでなく、○○くんに聞いてみるといいですね。保育士はほしい子の気持ちは代弁しながら、所有の喜びを感じている○○くん

の気持ちもわかって仲立ちし、それぞれの子どもが自分の気持ちを理解してもらった、と感じるよう関わることが大事です。

　相手の気持ちを聞いた○○くんは、どうするかを自分で決める機会が与えられることにより、思考し決断することを体験します。今は分けてあげられない、という結論になるかもしれません。しかし、自分の思いを受け止めてもらった子どもの満足感は、他者がどういう気持ちでいるかを受け止める力にもなり、あそび終えたとき、相手の気持ちを覚えていて貸してくれることになるでしょう。周りの子がこの子を真似したいと感じるおもしろいあそびを思いつく子は、一つのあそびを終えて満足すると新たな展開のひらめきと共に、次のあそびに取り組んでいる場面をよくみかけます。さらに、所有するあそびで満足した子どもは、２歳の中頃になれば必然的に量を感じる行為はなくなり、集めた物をお皿やおわんに入れ分ける、というあそびの段階に入り、分類して区別したり、同じ物を並べたりと、次の発達へとすすんでいきます。

　子どもの発達を知り、どの子の人格も育てる立場で問題解決の方法を示していくのが、教育者に求められていると思います。そして、収集する行為がさかんな１歳前半は、入れ物もさまざまな種類を用意し、中に入れる物も１種類だけではなく何種類も用意し、人気のおもちゃは量をしっかり確保してあげることが大切です。同じものが欲しいという訴えに、ここに同じものがあるよ、と言ってあげられることが、クラスの落ち着きをつくります。

　次に、１歳児の特徴的なあそびと発達の関係を見ていきたいと思います。

2日目

子どもの主体的な あそびが教えてくれるもの

── あそびから発達をみる ──

1 身体の使い方を練習するあそび

①自分の身体を支配できることのよ
　ろこび

②身体知覚（身体像・ボディーイメー
　ジ・身体の地図）

　・身体知覚は身体のすべての部分
　　の記憶を蓄えている（重力と身
　　体の関係・身体の大きさ、重さ、
　　境界などの理解）

（写真13）　　　　　　　（写真14）

　・身につけるまであらゆる練習を
　　する（さまざまな情報を身体が理解する）（写真13・14）

③運動企画…子どもが目的に応じた運動を企画し、身体を動かすためにはすべての情
　報が脳で正しく処理される必要がある（写真15・16）

（写真15）

（写真16）

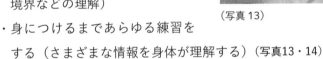

④空間知覚…動きながら空間を知る（写真17・18・19）

（写真17）　　　　（写真18）　　　　　　　　（写真19）

2 **知的発達（認識過程：感覚・知覚・記憶・想像・思考）**
…あそびの中で思考操作の段階（物の認識や思考がどういう経過をたどるか）が見られる

ポストボックス…これをここから入れたらどうなるのだろう？

穴の開いた箱にチェーンを入れ、出るところを確認。何度も試す（写真20）。

①自分に引き起こす力があるという発見の喜び
　・繰り返しあそぶことで、目的に応じて身体を効率的
　　な動きに適応させる身体の使い方を身につけていく。
②原因と結果の関係に気づく…動きは思考の源泉であり、
　出発点となる。
③目と手の協応…脳が命じたところ（目で確認）に手が
　いく。穴の大きさとチェーンの大きさとの比較…チェー
　ンの性質に適応した身体の使い方、上の穴に入れると
　下から出てくることを何度も体験し記憶する

（写真20）

④自分の身体を使って、環境に働きかけ、新たな状況を生み出す（創造）の喜びであ
　り新たな自分との出会いを体験する（人間の生産活動のもととなる）

布テープと容器…道具の性質や組み合わせを楽しむ

①目と両手の協応…布を中心から左右に、机の面に沿って広げていく正中線での行為
　の繰り返しは、安定した体幹・姿勢の維持の中で可能になる（写真21）。

②比較・分類・統合・入れ替え（量の保存）を経験
（写真22）

③ルールとの出会い…自分にだけわかるルール（決め方）
があり、経過があり、計画がある、それに従って行為
する。自分と見ていてくれるおとなにだけわかる「喜
び」がある。意志や能動性が育つ。

（写真 21）

・子どもはあそんでいる間、より水準の高い複雑な機
能の応用ができるようになり、練習の過程で、自分
自身や自分を取り囲む世界のさまざまな要素の性質
を知るようになる。そのあそびがある程度難しい間、
喜びをもたらす（発達への欲求）。

・バラバラな記憶から、今、自分が注目しようとするこ
とを取りだす。注意力は持続し集中する力を育てる。
そのことによって高い満足と自己評価が得られる。

（写真 22）

色の違うチェーンを並べて比較した後、袋にすべて入れる

並べて、長さを比較し、モノの性質や形の違いをあそびの中で実感する（写真23）。
量が増すと重くなることなども体験する（写真24）。

（写真 23）

（写真 24）

柱に沿って上から積み木を積もうとする１歳９か月児（一方向の理解）

・２歳児が積み木を柱に沿って積みあげていた状態を覚えていて、その像は残ってい
るが、経過はわからないので、下からではなく上から積もうとしている（写真25）。

・絵で思考する時期…考えたことより、見たことの方が強くなってしまう。

- 頭の中で、絵をつくることはできる（記憶の像）。
- 思考の方向性が一方通行でまだ可逆性がない。変化を追っていくことができない。
- あるものを見て、そこに至った経過を推測することが、まだ難しい時期。

（写真25）

スタッキングタワーを逆から入れてみる2歳3か月（逆方向の理解）

①固定的、一方的 → 可変的、可逆的

論理の道すじで、行く道を習ったら、帰り道は教わらなくとも同時に理解できる

- 機能性、安定性があり、その状況に応じて融通性、柔軟性がある。安定した体幹・手先の器用さが必要
- あそびの中で、逆方向からも物ごとを見ようとする

（写真26）

大きさを比較しながら順に入れてまとめる（イン＆オン）2歳

①同じ大きさでも色が違う…ものごとの多面性の理解・属性に左右されない…形、材質にとらわれず色のみ取り出し、共通なものをみつける。まとまったものをバラバラにして、比較、関連づけたり、統合したりすることを体験…抽象的思考につながる

②繰り返すのは喜びが大きい…集中力・自己への信頼や自信につながる

③思考は具体的で、行為に結びついており、実際的な課題解決の際にあらわれる。

（写真27）

構造あそび・積み木

①関係性・秩序づける・予見する・比較（高さ、長さ、大きい、小さい、多い、少ない、同じなど）分類などあそぶ中で体験

②成功したと感じられる時、満足・安心・自己効力感

（写真28）

などを味わう

　・新たな挑戦への意欲が源（失敗してもやり直しながら
　　イメージしたことが実現できる、問題解決能力の基礎）
　・成功の喜びは、おもにあそびの達成感に伴って生じる。
　・子どもの行動意欲は、あそびの中で、何が成功するだ
　　ろう、と予想してみることの喜びによって培われる。
　　この喜びは人格の円満な発達へと導く。

（写真29）

③変化の多い豊かな構造物をつくることを通し、事前に頭
　の中でやってみることができるようになる…イメージ
　（想像）像を描く
④目的を持って仲間と協同してつくる…（２歳児クラス）
　仲間と協力してヤギの家をつくる（写真31）

（写真30）

　・１歳児の構造あそびの積み重ねが、仲間と協同して構
　　造物をつくる力を育む
　・相手の思いを聞きながらイメージを共有
　・共通の目的のために、コミュニケーションをとりなが
　　ら協力し合う体験

（写真31）

〈まとめ〉

・子どもの行為の中に思考の芽が見られる
・子どもは物と物の関係をことばでいうことはできないが、発見することはできる

知的発達	問題解決能力 問題が生じた時、対処できるという感覚（自己効力感）
	意志的性質 目的意識的な人間の行為の基礎・衝動をコントロールする力 →自己決定できる自分
	論理的思考 子どもの行為に自信を与え、秩序だった動きや考えを助け、自分の 周りに起こることの理解を助ける（関係性・秩序づける・予見する・ 比較・分類など）

▶比較（大小・高低・多い少ない・同じ・色・形）など、論理数学的思考の体験

▶表現する・何もないところから意味ある物を生み出す
　新たな自分を発見（創造・自己表現・自己実現）

▶満足・成功・達成感・自己効力・自分への信頼
　自分に起こったことへの受け止め…自分の行為を自分で引きうけていく力、構えが育
　つ（問題解決能力・忍耐力など）

人形あそび…人形を寝かせる・入浴させる

①人形の世話…親の愛情を表現することで、自分の中に
取り入れる。体験したことの記憶を引き出しあそぶ（想
像する力は象徴機能の発達になくてはならない）
愛情表現を学び、親の価値観を共有（愛情を与えてく
れるおとなを同一視）

↓

倫理観・規範意識など社会適応のための基準

（写真32）

②情緒の形成と発達…乳幼児期は、外界の出来事にまず
情緒で反応、主観的な関係を優先し、人格は情緒によっ
て支配され、愛情豊かで、理解あり、情緒豊かな関係
を欲する…安心感をもたらす。
・情緒（感情）は発達し、細分化されていく…主にあ
そびに伴う感情の中で期待した成功の喜び・満足か
ら得られる感情が人格の発達をももたらす。

（写真33）

＊何を愛し、何を憎み、何に対して無関心か？　何に満足して、何に不満か？
何を喜び何を悲しむのか、感情は行為を方向付ける役割がある

あそびの中での仲間関係…いっしょに人形をねかせてお出かけ　（１歳児クラス３月の姿）

①本物ではないが想像の力でイメージを共有
②一人あそびで、生活再現を多様にあそんだ体験が、協
同してあそぶことに繋がる。
・いっしょにすることの喜びはしばしば個人の喜びよ
り大きく、仲間やクラスへの愛着を育て、愛着が課
題を引き受け、規律性を育て、欲望の抑制（自己コ
ントロール）を助ける。

（写真37）

・社会的性質と能力の形成・ルールの受け入れの基礎になる
③役を引き受けることで、社会的行動形態の練習・人間関係、物との関連、表現の仕
方、コミュニケーションの取り方などを学ぶ。

資料 3-1）0歳～1歳1か月発達の経過　　　　　　　　NPO法人名古屋コダーイセンター「乳児保育研究会」

月齢	1	2	3	4	5	6	7	8	9	10	11	12	1歳1

発達

粗大運動

頭からつま先へ発達する　　空間と関係する仕方が大きく変換

自動的　→　運動企画

- 腹位で頭をあげる
- 首すわり ［首のコントロール］
- 寝返り
- ピボットターン ［ヒコーキ位］
- ハイハイをする
- おすわり
- つかまり立ち
- 一瞬ひとり立ち
- つたい歩き
- 始歩

重力が、頭を持ち上げる首の筋肉が動かす脳のある部分を刺激する

●重力の感覚が、胸を持ち上げようとする衝動を起こし、脳が刺激され上背筋を収縮させる

最初に安定する基本的な能力（重力への安心感）

対物志向

●正中線に両手を持ってきて触れ合わせる（身体両側の統合の始まり）

より多くの感覚統合、空間知覚により、・見えるものを理解する力・正しい距離判断
交互性・両側性

●正中線を横切ることができる

●何ヶ月も前からの重力、運動、筋と関節の感覚など全ての統合の産物（立ち上がり）

二点支持 → 一点支持
両手を肩まで上げ、バランスを取りながらの歩行
○頭の中の自分を意識する

手による物の操作（目と手の協応）

- 90°追視
- 触れたものをにぎる　両手を絡ませる　180°追視　指吸い
- ガラガラを握る　360°追視
- 手から手に移す　指でつかむ・尺側把握・手のひらでつかむ・手首の回旋
- 2つのものを打ちならす　小さなものをつまむ、拾い上げる
- 小さいものを上からピンチつまみをする　とう側性把握・相手に渡そうとする・出したものを入れようとする・相手に渡しする

ことば

- 音に反応する
- あやすと笑う
- 自ら大人に笑いかける
- 声の方へ向く
- 言葉の真似
- 反復喃語（ダ、ダ、ナ行）
- 初語が出る（マンマン、ロロロ）

アーウー、ウグ、シグン母音・喉子音
両唇音パパ　舌の前
指向性出現

脳は三つで統合 ①内耳から（重力と運動の感覚）②目の筋肉からの感覚 ③頸の筋肉からの感覚

読むことを学ぶために重要・読むこととバランスと身体全体の運動を学習する助け

運動企画
身体からの感覚は、企画される運動のために必要な情報を提供する

○指をさして、マンマン、ワンワンという
○名前を呼ばれたら振り向く
○大人の話しかけに応じて、その物に注目しようとする

自我の形成

- （母子相互作用）
- （母子関係成立）
- 人見知りをする ○特定の人に特別な愛着を感じる
- （志向の指さし）（同化作用）
- （三項関係成立）○見つけて嬉しいもの、ほしいものの発見を母とともに指さしする（人、物、自分）
- （定位の指さし）（自我の萌芽）
- ○（～ダ）ごねをする（床にうつぶせて泣く）
- ○変更を受け入れにくい

自我の萌芽

【身体地図】
肩車やタカイタカイ、振り回されるなど、重力をより強く感じる活動による感じる活動は、重力の働きは、身体の各部分の働きと、それらの相互関係、何ができないかの快感、不快感などの感覚を与える。この感覚情報のすべては、脳内にある内的な身体の感覚的な絵（絵）を形成することで身体知覚（body percept）と呼んでいる。のちになって身体運動を「操作する」時に使われる。

【新生児】
触覚は情緒的満足の源として重要で、特に母親との接触は、脳の発達と母子の絆の発達のために重要。
把握反射やモロー反射（内耳）、緊張性頸反射、吸引反射等、生得的に身についている反射が、より進んだ能力の基礎となる。

1 歳児

2日目　子どもの主体的なあそびが教えてくれるもの

資料 3-2) 1歳～3歳発達の経過

発達＼月齢	1歳1	1歳2	1歳3	1歳4	1歳5	1歳6	2歳	2歳6	3歳
粗大運動	より複雑な運動企画をより効果的に遂行	階段を登る		ボールを投げる		歩行が安定する	しゃがむ	その場とびをする／横歩きをする	片足とびをする
手による物の操作（目と手の協応）	物を出したり入れたりする		2コの積み木を積み重ねる		積み木を横に並べる	物を正中線で集める	積み木を積み重ねる／積み木を並べる	積み木を積み直す／積み木を入れ直す／積み木を並べ直す	積み木二方向のものを作る
ことば	一語文を言う						物を正中線で集める		か、が行
自我の形成	（自我の萌芽）					（自我の誕生）	（自我の拡大）		（自我の充実）

粗大運動

○自分の身体がどのように機能しているのか、物理的な世界がどう働いているのか、という感覚意識を用いて、数え切れない多くの種類の運動をする。
○体の部位を言われて指さす

両手を下ろし、足をまっすぐ歩く方向に出し、しっかりとつけまた先を交互につけて歩く
○方向転換の獲得

○一瞬片足立ちをする
・後ろ歩きをする
・つま先、かかと歩きをする
・手の左右同時期関与をする

●登ること…内的欲求であり、重力の感覚と運動の感覚を十分に組織化。そして、身体の感覚や視覚の情報とこれらをさらに統合する。

○「～ではない～だ」ということがわかる（布団に足から入る、等）
○ボディーイメージが形成される
○"ふたつ"ができるようになる

手による物の操作（目と手の協応）

入れる、入れ込む
○調整しながら型はめをする
○2つの器にわける
○器の入れ替えをし、ふたをする
○描画。丸が閉じる

ことば

ハイハイ、伝い歩き
［ワンワン、ブーブー、アッダー、ナイ など］

ひとさし指を出す
○ほしい物をはっきりと指さす（要求の指さし）

犬はワンワン、食事はマンマ、車はブーブーとシンボル化して分類し、ものとものとの関係がわかる

ことばを状況で理解し、簡単な言いつけがわかる。ワンワンなくてニャーニャーという（身近なものに名前があることがわかる）。○自分の名前がわかる。○○近くにものに名前があることがわかる

○自分の名前を言おうとする
○○はどれ？という質問に指さしできる
・指さしがことばへと結びつく
・可逆の指さし

・「イヤ」がことばで言える
・自分の名前を入れて話す
・"ナーニ？"と聞く

○ことばを指さし要求する
○ほしいものや自分の要求をことばで言う

・性別、自分の年齢を理解する（ボク、ワタシ）
・問いと答えの関係が成立する。"ナゼ？"
・対のことば（大小）
・理由を言うようになる

自我の形成

○だだをこねる
○声をかけられると泣きやむ（相手に気持ちを伝えられる泣き方）

○だだをこねる"ブンブン"
○泣いて訴えるが立ち直りができる
○自分でやろうとし、大人の助けを嫌がる

●自我…身体的な統一体としての自分の身体を感じ、自分ひとりでてらをんど動く。自分の独立を「イヤ」ということばで表現することが多い。

○命令に対して"イヤ"と主張する

☆生後2年目

触覚定位…1歳までに多くの身体的接触をされた子は、皮膚からの感覚をとおして満足感や快感、そして自分の身体がどこから始まりどこで終わるのかを脳に知らせる。身体の感覚的意識は、身体の視覚的知識よりもはるかに基本的なことでもある。

☆生後3～7年

いっそう成熟した感覚―運動的存在。感覚統合にとって非常に重要な時期。適応反応はさらに複雑化し、能力を拡大していく。道具の使用。性差。

☆8歳頃

触覚系はほぼ完全に成熟。連続的行為の企画、意思交換に必要なことば、コミュニケーションの獲得。

参考図書：『子どもの発達と感覚統合エアーズ『子どもの発達と診断』田中昌人』名古屋コダーイセンター乳児保育研究会

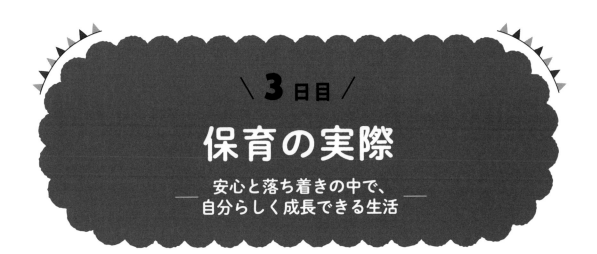

\ **3日目** /

保育の実際

── 安心と落ち着きの中で、自分らしく成長できる生活 ──

❶ 育児担当を決める（育児担当制）

　第1項の心理的発達で述べたように、一人ひとりの人格の違いを認め、安心感を提供し、個々の必要性に応えるための保育条件を整える必要があります。

　新入園児を多く受け入れる1歳児クラスの始まりは、とても大変だと言われます。講座では4月の後半になっても、泣いている子がいる、寝てくれない、食べない…などの訴えを聞くことがあります。泣いているこの子が慣れてくれると落ち着くのに…と保育者も疲労が重なり悩みます。

　泣いている子の身になって考えてみると、家庭を離れ、知らないところで食事をしたり、トイレに行ったり、不慣れな場所や経験したことのない状況に出会い、戸惑い、ここは安心、安全を提供してくれるところなのだろうか？　安心できるところだと実感したい、という思いかもしれません。そのためには、緊張や不安を取り除き、安心感を与えてくれる「特定のおとな」の存在が必要です。子どもは、年度当初、クラスや園にさまざま、複雑な人間関係が存在する中、誰と結びつきをもったらいいかわからないでいます。そして、特定のおとなとの愛着関係を築き、自らが安心であるという主観的意識をもちたいと願っています。ここで育児をおこなう担当を決めることが重要になってきます。世話をするおとなが変わらず、トイレに誘ったり、食事を手伝ったり、睡眠に誘ったり、着替えたり、生理的欲求をわかり適切に満たしてくれることで、担当の保育者への深い信頼感が芽生えます。この関係は、生命を維持する基本となる生理的欲求を満たす育児の中で形成されます*。

＊育児とは、食事、排泄、着脱の世話や睡眠を守ることなど、生命維持のためにおとなが手伝うすべての行為をさします。

幼い子どもは、愛着関係を結んだおとなに対して積極的に関わろうとし、不安がある時はその人に助けてもらおうとします。特定のおとなが「安心の基地」として機能するようになれば、子どもは自然に独り立ちしようと、意欲を示し外界に興味をもち、安心感の中であそびます。早期に担当保育者との愛着関係を成立させることで、クラスはとても落ち着いたものとなります。

　具体的には、例えば１歳児15人のクラスに３人の保育士が配置されているとします（自治体によっては４人に１人の保育士を配置しているところもあり、さまざまですが、２歳児と同じ基準配置は問題があるとして補助職員を配置したりしてやり繰りしているところもあります）。３人の保育士が５人ずつ子どもを担当し、育児にあたります（あそびは子どもが自らおこなう活動なので、担当は必要なく、子どもたちは自由にあそびます。おとなは交替しながらクラスのあそびを見ます）。

　育児は、その内容と子どもの発達段階に応じて、一人の子どもと向き合って行ったり、担当児２人に同時に行ったりします。これは育児の際、保育士が個々の子どもに合わせた接し方が可能かどうかで判断します。従って子どもが自分でできることが少ない時期は一人ひとりに対して育児をおこなうことになります。育児の時間は一人ひとりの子どもが安心して成長発達する喜びを感じることができる状況をつくり出すことが大事です。そうすることによって、クラス全体の安定と落ち着きが生み出されます。

　続けて講座に参加した保育者が、「昨年の０歳から担当を決めて保育していて、今年持ち上がった１歳児クラスを「担当制」でやっているが、４月の子どもたちの姿が、今までとはまったく違い、とても落ち着いているので驚いた」と報告してくれました。「保育者にとっても子どもの思いがよくわかり、ストレスがない状態で保育できることが嬉しい」とのことでした。

❷ 習慣形成（生活秩序の内面化）と育児

　担当保育者との育児の中で、子どもは人として育つための多くのことを学び、さまざまな行為に能動的に参加していきます。養護と教育が一体的におこなわれます。その場面での育ちを見てみましょう。

人格的モデルとしての保育者の役割…育児場面を通して納得と了解のうえ、

経験し、内面化する価値観と習慣形成

（1）洗面所での排泄・着替え・手洗い（手洗いの場面での会話）

保育士 「私、くすり塗ったから、石鹸使うね
　　　　（Dの身体に薬を塗ったため）」

子ども 「ぼくは？」「ぼくもアワアワ使うの…」

保育士 「私はくすり塗ったからね」
　　　　「D君は使ってないからいいよ」

子ども 「ぼく、アワアワは？」

保育士 「今はアワアワはいいよ」
　　　　「お絵かきした時使うよ」

子ども 「ねんどは？」

保育士 「あっ、ねんどの時もだね」

（写真34）

- 育児の中で、子どもの意思や個性、何かを知りたい、やりたいなどの欲求が現れます。

  保育者はさまざまなサインを受け止め、コミュニケーションをとり、子どもの発達に応じた課題と援助の方法を示し、言語化していきます。子どもは保育者の意図やねらいを思考しながら理解し、納得していきます。生理的欲求を満たしながら、おとなとのコミュニケーションを通して、自分の身体を守り健康を維持することを学びます。

- 生涯にわたって「排泄」という行為を、信頼できるおとなに助けてもらう中で、自分の身体を大事にすることを学び、できることを自分でしようと意欲を示します。

  洗面所での育児の空間は、子どももおとなも周りを気にせず、お互いに向き合うことを可能にするよう、工夫します。狭くても個人的に接してもらえることで、家庭的な雰囲気をつくり、おとなから深いメッセージを受け取り、自律への喜びを共有できるひとときです。自分の存在そのものへの信頼へとつながっていきます。

（2）食事

- 個々の摂食機能（食べ物の取り込み方、舌や唇の動かし方など）の発達と運動機能の発達に応じた援助が必要になります。1歳になったばかりの子どもはおとなと子

どもの１：１の食事から始め、おとなの介助用スプーンで食べさせてもらい、口の中の動きに適応したスプーンの運び方などを学習していきます（写真35・36）。徐々に子ども用のスプーンも使えるようになり、１：２から１：３と食事ができるようになっていきます。食事の際の文化的衛生習慣の手順なども少しずつ自分のものにしていきます。

●両者の相互コミュニケーションとお互いの気持ちの交流により食事への能動性が育ち、自分でスプーンを使って食べてみたいという意欲へつながります。

（写真 35）

（写真 36）

（３）睡眠

●食事を終えた子どもを、睡眠に誘います。睡眠という行為はおとなから強制されるものではなく、担当保育士との情緒的交流と安心感の中で、子どもは、心と体の休息の要求にもとづいて、自律的に眠っていきます（写真37・38）。

●自律的な睡眠は、意思の力を育て、自らの生活を主体的にとらえる基礎になっていきます。

（写真 37）

（写真 38）

4 日目

継続する日課（流れる日課）の組織と生活やあそびの環境づくり

　保育現場では、1歳児12人から18人、20人と保育せざるを得ない状況が続いています。大きな集団は、子どもにとってもおとなにとっても心理的負担が大きく、日々の保育を難しくしています。「子どもの主体性を尊重し、一人ひとりを大切にする保育」をしたいと誰もが願いますが、具体的にはその保育が見えてこないのが現状ではないでしょうか。集団の中で個人をどう位置付け、両者を対立させるのではなく、それぞれに良い方向へ育っていけるシステムを考えることが重要です。子どもをひとまとめにしてさまざまなことを「させる」保育ではなく、個々の意欲と自主性を尊重できる方法でクラスの生活を組織します。これが「継続する日課（流れる日課）」です。

1 日課の特徴

　この日課の特徴は、時間を追って、クラスの中でのおとなの仕事分担を決め、1人の保育士が担当の子どもをトイレに誘っている時は、他の保育士が、全体のあそびを見るなどして、順に変わっています。食事も同じように順に進めます。クラスの中で、個々の発達や個人差を考慮に入れ、誰から食事を始めたらいいか、話し合って決めます。食事に誘われると、子どもはその誘いを受け入れ、食事に移る時は、あそんでいたおもちゃを元に戻すことを学び、1歳児クラスの後半では、おとなの少しの助けで、自律的におもちゃの整理ができ、主体的に次の行為に移っていきます。手洗いなども食事行為の一環として、個人的に助けてもらえるので、必要な生活様式が身についていきます。子どもは不必要な待ち時間がなく、自分の時間軸で生活できるのでストレ

63

スなく、次の見通しが持てるようになり、時間の流れを把握し、主体的に関わり、生活することへの意欲や能動性が生まれ、生活運営能力の基礎が培われます。

　毎日、基本的に同じ順番で同じ時間に日課が繰り返されるので、子どももこのクラス全体を見わたし予測することができます。個々の子どもが担当の保育者との安心できる関係の中で、方向を指し示してもらえるので、クラスとしての落ち着きや秩序が生まれ、保育者もたくさんの子どもを「動かす」ことの難しさから解放され、一人ひとりと向き合い理解しあえる喜びを感じることができます。また、この方法は時間がかかると思われがちですが、子どもとおとなとの安定した関係の中で、子どもが個々の行為を主体的に進めていくため、時には、全員を同じ時間に動かそうとするより、短時間で済むこともあります。その日の子どもの状況に応じて柔軟に対応できるのもこの日課の特徴です。1歳児クラスにとっては、自我形成の時期しっかり向き合ってくれるおとなの存在は、自我の充実のため特に必要です。今までの保育の方法からこの方法に変えた保育者が、「『子どもを信じて保育しなさい』とよく言われたが、とても難しくその意味が理解できなかったが、この保育に出会ってそれがよくわかり、実感できた。今までとは違い、子どもを深く感じ取ることができ、それまでとは違う安心感をおとなも子どもも持つことができ、充実した日々だった」と報告してくれました。

　そして、具体的には、「日課表」を作成します。子どもの生活の流れを記入し、並行して、おとながどういう役割を分担しながら進めていくか、細部にわたって文章化しておきます。おとな同士がその日課表に基づいて協同して運営していくことを助けるために、「日課」や「おとなの動き」の表の作成は重要です。子どもの発達や季節の変化により、変更する際は必ず表にして、確認しながら進めていきます。計画通りにいかないこともあるので、その都度、おとな同士の話し合いをすることで、一人ひとりを尊重するためのクラスのシステムが血の通ったものになっていきます。
（p.69、70 資料4-1、4-2参照）

2　子どもの主体的で　自由なあそびと環境

　継続する日課（流れる日課）がよく機能し、条件が整えられれば子どもはあそびに向かいます。その際大切なことは、子どもが、いつ、どこでどのように、誰と何をあ

そぶか、選択する自由が与えられているということです。クラス全員に同じことをさせるのではなく、個々の子どもの興味や関心の違いを認め、ひとりひとりが自分で発見する喜びを尊重されることで、物事に集中して取り組む姿勢や自分の意思を持つことが体験でき、人格の発達に影響を与えていきます。個々のあそびには、その子そのものが表現されていて、一人ひとりが違うことを、私たちが受け入れることを助けてくれます。

> **＊子どもの主体的なあそびを生み出す条件**
> ❶ 発達にふさわしいおもちゃや道具
> ❷ あそびやすい空間
> ❸ 自由にあそぶことができる時間
> ❹ おとなとの安定した関係と落ち着いた雰囲気

①　発達にふさわしいおもちゃや道具・空間づくり

　子どもの主体的なあそびが生活の中心になるために大切なことは、どんな遊具をどのように配置するか計画を立て、保育室の空間図をつくるといいでしょう（p.72 資料6参照）。そしてクラスの子どもの発達状況に合わせ、空間づくりやあそびのコーナーの配置を考え、その年齢の特徴や人数に合ったおもちゃの種類や量を用意

（写真 39）

（写真 40）

（写真 41）

（写真 42）

します（写真39・40・41・42）。

　具体的には、キッチンコーナー（写真43）と人形の世話コーナー（写真44）、休息コーナーは緩やかにつながって配置し（写真45・46）、積み木や組み合わせる車（写真47）、ブロックなどの棚は別に用意する、操作あそび、入れたり出したりのあそびや壁面

（写真43）

（写真44）

（写真45）

（写真46）

（写真47）

（写真48）

（写真49）

（写真50）

遊具（写真48・49・50）、子どもの動きた
い欲求に応える粗大あそびコーナーは、
どこに置くのが効果的かなど、子どもの
あそぶ様子や発展方向などもイメージし
て、配置していきます。

（写真51）

　1歳児の動きたい、空間を知りたい欲
求に応じた、移動するための遊具や歩い
て移動できる通り道の確保なども考慮し
ます（写真51）。

　そして、この環境が子どもの主体的なあそびを生み出すことにつながっているか、
子ども同士の関わりを肯定的な方向に向けるか、なども考えながら、実際に子どもの
あそぶ姿を観察して検証していきます。1年を通して、さまざまなことを考慮し配置
を変化させてみたり、おもちゃを入れ替えたり増やしたりしていきます。環境と子ど
ものあそびとの関係を考えながら保育していると、子どものあそびの中での発達や情
緒の表れがよく見えるようになってくるので、何を準備したらよいかどう助けたらよ
いか、理解がすすみます。

② 子どものあそびの喜びを知ること、助けること

　子どものあそびには「喜び」と「真剣さ」があります。また何をあそぶかあそばな
いか子ども自身が決めて、向き合うあそびには、他から与えられた課題はなく、成果
を出すための緊張もありません。子どもの自由なあそびには、「子どもの発達」の項
でみたように、人として生きていくためのあらゆる要素が含まれています。あそびの
中でできる人間関係は、おとなとの関係と同時に、将来に渡り「社会化」の基礎にな
るといわれます。

　保育者が子どものあそびを見守り、条件を整え、間接的直接的に援助することで、
子どもは発達を遂げていきます。子どもたちのあそびに注目してみると、自分の身体
を使って、多くのことを試し、考え工夫し、さまざまなことを学びとっていることに
気づかされます。子どもがあそびに向き合う真剣さは将来に渡って、物や人と向き合
う誠実さとなり、人格の発達になくてはならないものになるといわれています。生ま
れては消えていく一つひとつのあそびがその子らしさを物語っていることに愛おしさ
を感じ、感動することもあるでしょう。その感動の瞬間が保育者の喜びであり、子ど

もへの理解が深まる時でもあります。しっかりあそびを観察し続けることで、子ども
の今発達しようとしている部分が見え、何をどのくらい助けたらいいかわかるように
なっていきます。うまく援助できると、子どもは自らのあそびの達成感を得、自己へ
の信頼ができ、さらに発達しようと意欲を燃やします。あせらずゆっくり、子どもの
「喜び」を発見することに力をさくことが望まれます。

資料 4-1）1 歳児　個人の日課　（例）

時間	担任H					担任K					担任S				保育補助
	a児	b児	c児	d児	e児	f児	g児	h児	i児	j児	k児	l児	m児	n児	
誕生日	4月7日	6月16日	5月23日	5月23日	9月29日	4月22日	5月25日	6月6日	7月8日	12月19日	1月25日	1月27日	1月24日	10月1日	
就寝時間	22:00	22:00	22:00	22:00	21:00	21:00	21:00	22:00	21:00	20:00	21:00	21:30	21:00		
起床時間	7:30	7:00	8:00	8:00	7:00	6:30	7:00	7:00	6:30	6:00	7:00	7:30	6:00		
7:30													登園		
7:40									登園				室内遊び		
8:00		登園		登園	登園				室内遊び		登園				
8:10		室内遊び		室内遊び	室内遊び	登園		登園			室内遊び				
8:20						室内遊び		室内遊び				登園			
8:30							登園					室内遊び			
8:40	登園						室内遊び								
8:50	水分補給	水分補給		水分補給	水分補給	水分補給	水分補給	水分補給	水分補給		水分補給	水分補給	水分補給	登園	
9:00	室内遊び	園庭遊び		室内遊び	園庭遊び	室内遊び	室内遊び	室内遊び	室内遊び	登園	園庭遊び	園庭遊び	園庭遊び	水分補給	園庭遊び
9:10	園庭遊び		登園					園庭遊び	園庭遊び	室内遊び				園庭遊び	
9:20			水分補給	園庭遊び						園庭遊び					
9:30			園庭遊び			園庭遊び	園庭遊び								入室準備
9:40		入室			入室								入室	入室	
9:45		室内遊び			室内遊び			入室	入室				室内遊び	室内遊び	室内遊び
9:55								室内遊び	室内遊び		入室	入室			
10:05	入室		入室								室内遊び	室内遊び			
10:15	室内遊び		室内遊び							入室					
10:25				入室		入室	入室			室内遊び					
10:30				室内遊び		室内遊び	室内遊び								給食・午睡準備
10:50		食事			食事								食事		室内遊び
11:00		食事			食事								食事		
11:10	食事	午睡	食事		午睡			食事	食事		食事	食事	午睡		
11:20	食事		食事					食事	食事		食事	食事			
11:30	午睡		午睡	食事				午睡	午睡	食事	午睡	午睡		食事	
11:40				食事						食事				食事	
11:50				午睡		食事	食事			午睡				午睡	
12:00						食事	食事								
12:10						午睡	午睡								片づけ掃除
12:20															
	交代で食事・休憩・帳面記入・玩具整理消毒等														
14:10		順次起床・排泄							順次起床・排泄		順次起床・排泄				
		室内遊び	室内遊び	室内遊び	室内遊び	順次起床・排泄			室内遊び	室内遊び	室内遊び	室内遊び	室内遊び	室内遊び	
14:30		おやつ		おやつ	おやつ	おやつ	室内遊び	室内遊び		おやつ	おやつ	おやつ	おやつ		
		室内遊び	おやつ	室内遊び	室内遊び	室内遊び	おやつ	おやつ	おやつ	室内遊び	室内遊び	室内遊び	室内遊び		
15:00	おやつ						室内遊び	室内遊び	室内遊び					おやつ	
	排泄		室内遊び				室内遊び	室内遊び	室内遊び						
											排泄			排泄	
												排泄	排泄		
						排泄				排泄					
								排泄	排泄						
15:30							排泄								
		排泄	排泄												
				排泄	排泄										
16:00	排泄					降園								降園	
										排泄		排泄			
16:30		排泄		排泄			排泄	降園	排泄		排泄		排泄		
			排泄												
17:00	排泄				降園					降園		降園			
17:30	降園	排泄	降園	降園			排泄		排泄		排泄		降園		
18:00							降園		降園		降園				
18:30		降園													

資料 4-2）子どもの日課・おとなの動き（例）

子どもの日課	時間	担任H 5人（子ども：a・b・c・d・e） 副担：f・g・h・i・k	担任K 5人（子ども：f・g・h・i・j） 副担：a・b・l・m・n	担任S 4人（子ども：k・l・m・n） 副担：c・d・e・j	保育補助
順次登園	7:40		登園（i）	登園（n）	
室内あそび	8:00	登園（b、d、e）		登園（k）	
	8:10		登園（f、h）	登園（l）	
	8:30		登園（g）		
	8:40	登園（a）			
排泄	8:45	順次排泄（b、d、e）	あそびを見る 全員順次排泄	水分補給準備 全員順次排泄	
水分補給		水分補給	水分補給	水分補給	
戸外あそび	9:00	戸外へ誘う（b、e）	室内あそびを見る　　登園（j）	登園（n）	外あそびを見る
	9:10	登園（c） 戸外へ順番誘う（n、a、h、i）		戸外へ（k、l、m） 外あそびを見る	
	9:20	戸外へ誘う（d、j）			コップ片づけ
	9:30	外あそびを見る	戸外へ誘う（c、f、g）		入室準備
入室	9:40	入室（b、e）	外あそびを見る	入室（m、n）	外あそびを見る
室内あそび	9:45	外あそびを見る	入室、排泄（h、i）	室内あそびを見る	室内あそびを見る
	9:55		室内あそびを見る	入室（k、l）	
	10:05	入室（a、c）	外あそびを見る	室内あそびを見る	
	10:15	外あそびを見る	入室（j）		
	10:25	入室（d）	入室（f、g）		
	10:30	室内あそびを見る 担当児順次排泄 室内あそびを見る	室内あそびを見る 担当児順次排泄	担当児順次排泄 室内あそびを見る	
給食	10:40		室内あそびを見る		給食・午睡準備
	10:50	食事、午睡（b、e）		食事、午睡（m）	室内あそびを見る
	11:10	（a、c）	食事、午睡（h、i）	（k、l）	
	11:30	（d）	（j）	（n）	
	11:50	↓	（f、g）	↓	片づけ
		交代で食事・休憩			トイレ掃除等
		日誌記入、遊具の製作・補修・消毒など			
起床	14:00	目覚めた子から排泄	目覚めた子から排泄	目覚めた子から排泄	
		おやつ準備	おやつ準備	おやつ準備	
おやつ	14:30	おやつ（b、d、e、k） 室内あそびを見る	室内あそびを見る おやつ（c、g、h、i）	おやつ（l、f、j、m） 室内あそびを見る	
	15:00	おやつ（a、n） 片づけ	室内あそびを見る		
				担当児順次排泄	
		担当児順次排泄	担当児順次排泄		
		勤務により退室・保育・作業・仕事をする			
室内あそび	16:00	延長保育 順次排泄、降園			

資料5）習慣形成（生活秩序の内面化）・社会化の過程

正しい行動とふるまいに向けて
適切な方向に導き、体験させる
＊良い要求は一貫性があり
そのこの遂行能力を考慮に
入れた内容であること

養育者
両面をみせる養育者は同じ人だという理解
安心感を与え、受け入れてくれる
養育者
＝
要求する（導く）養育者

成立
要求を
受け入れる

子ども
相手の意図を読みとり、理解する
力があり、養育者の心の状態が
自分の行為と関連していること
を感じ取ることができる
（心の一貫性）

自分の思いを読みとってくれて、情緒的共感関係にある養育者の心の動きや痛みまでも自分のこととしてとらえることができる。

思考がはたらく

自分の心を自分から動かし自分の意思で行為する

情緒的裏付け
…感じられなければ
意識化されない

養育者のさまざまな反応を読みとり、子どもの情緒が動き、思考がはたらくことで、自分の行為に換えていく。
《納得から確信へ》
（自己コントロールなどの能力が形成される）

例：汚れている手を洗いたくないと
言ったら悲しい顔をする養育者

●私の要求を満たし、常に関心を持ち続けてくれるこの人を模倣したい。
●この人の「思い」を受け止め、理解し、応えたい。模倣
するひととの共感関係を通して。 応えたい。

規範意識・禁止
ふるまい方・ルール
価値基準
倫理観 などを内面に形成

社会に
適応していく
基礎

自分で自分の心や行動を意識して、行為に移すという連続した「自分」を体験できず、外からの指示を待つ受動的な存在になり、無関心になったり、混乱したりする。
思考するのをやめて外からの指示で「切り替える」ことを繰り返すので、結果として自分の意思で行動した時の思考の流れのイメージが持ちにくく、自分の思いを見つめたり、自分のイメージを表す練習が乏しく、「私イメージ」（自我形成）が質弱になる。
基本的安心感が得られない場合、環境に対して、意欲を持つことが困難になったり、攻撃性を表したりすることもある。
相手の反応に予測がつかないので、さまざまな行動を試したりして、養育者の反応を見る行動に出ることがある。

＊日常的に安心感が得られず、養育者に一貫性がなく、何かをしたりしなかったりした時の自分の行為との関連がわからず、予想がつかない場合
＊養育者が説明もなく、指示や強制で行動することを、要求し意味を理解できない場合
＊養育者の反応がよく変わり、一貫性が望めない場合

養育者に求められること

●子どもは養育者の納得のいく説明により、了解し、行為する。その際納得した知識は、ただ単に理解するだけでなく、感情を通しても体験し、受け入れ、自分自身の確信にする。
●子ども自身が自覚してない過程に気づかせ、根気よく子どもの中の感情を拾い上げ、言動の背後にあると考えられる感情や思考をくみ取り、言語化して返す。（養育者の信じるような性のある人格と根気のある態度が望まれる）
●養育者自身が一貫性があり、自己の意見を情緒的裏付けと経験を通して表明することで効果が得られる

資料6)
1歳児15人クラス
環境構成

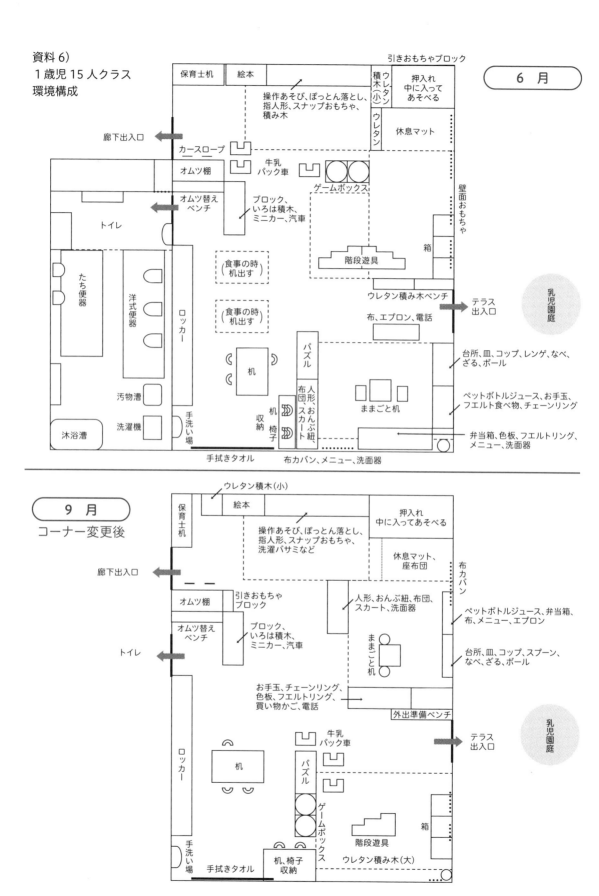

6 月

引きおもちゃブロック

保育士机　絵本

操作あそび、ぽっとん落とし、
指人形、スナップおもちゃ、
積み木

積木（小）　ウレタン　押入れ
中に入って
あそべる

ウレタン

休息マット

廊下出入口

カースロープ

オムツ棚

牛乳
パック車

ゲームボックス

壁面おもちゃ

オムツ替え
ベンチ

ブロック、
いろは積木、
ミニカー、汽車

箱

トイレ

（食事の時
机出す）

階段遊具

ウレタン積み木ベンチ

テラス
出入口

乳児園庭

たち便器

洋式便器

ロッカー

（食事の時
机出す）

布、エプロン、電話

台所、皿、コップ、レンゲ、なべ、
ざる、ボール

パズル

机

ペットボトルジュース、お手玉、
フエルト食べ物、チェーンリング

布団、おんぶ紐、スカート

人形、おんぶ紐、スカート

ままごと机

弁当箱、色板、フエルトリング、
メニュー、洗面器

汚物漕

机
椅子
収納

机
収納

沐浴漕

洗濯機

手洗い場

手拭きタオル

布カバン、メニュー、洗面器

9 月
コーナー変更後

ウレタン積木（小）

保育士机　絵本

操作あそび、ぽっとん落とし、
指人形、スナップおもちゃ、
洗濯バサミなど

押入れ
中に入ってあそべる

休息マット、
座布団

布カバン

廊下出入口

オムツ棚

引きおもちゃ
ブロック

人形、おんぶ紐、布団、
スカート、洗面器

ペットボトルジュース、弁当箱、
布、メニュー、エプロン

オムツ替え
ベンチ

ブロック、
いろは積木、
ミニカー、汽車

ままごと
机

台所、皿、コップ、スプーン、
なべ、ざる、ボール

トイレ

お手玉、チェーンリング、
色板、フエルトリング、
買い物かご、電話

外出準備ベンチ

テラス
出入口

乳児園庭

ロッカー

牛乳
パック車

パズル

机

ゲームボックス

階段遊具

箱

手洗い場

手拭きタオル

机、椅子
収納

ウレタン積み木（大）

72

子どもに向き合う保育を実践して感じたこと
一斉保育でできなかったこと　　A保育園 保育士

*一斉保育とは、クラスの子ども全員を同じ時間に同時に食事、排泄などをする保育の方法のことをさす

・1対1でじっくり関われるので、子どもの姿をしっかり見ることができる。がんばってやってみようとするところが発達していく部分だと思い、子どもが困っていることを受け止め、助けてほしいことを知り、励まし、共感、認めることができた。子どもも自分の力を発揮しやすかったと思う。
　一斉保育では途中の経過を大切にすることは難しい。たくさんの子どもの育児を終わらせることに一生懸命になってしまう。その子との大事な時間を作ることは難しい。

・1対1での関わりを大切にすることで、担当のおとなへの強い信頼関係が築かれた。また、1対1だからその子を尊重した、その子に合った働きかけができ、自分は大切にされていると感じることができていたのではないか。一斉保育でも信頼関係は築いていけたと思うが、子どもは自分は特別な一人、大事な一人という気持ちが持てていただろうかと思う。

・一斉保育の時なら「おとなの話を聞けない、理解できない」「落ち着きがなく、どこかに行ってしまう」などと言われる子がいたが、1対1で向き合って子どもの戸惑いや不安を理解して接する中で、

どの子もどこかに行ってしまうことはなく、おとなの話に耳を傾けたり、自らおとなの動きに注目したり、次の行動がわかってやろうとしたりした。

・関係が持ちにくい、おとなのことばが理解しにくいといった子もいたが、育児、特に食事を膝に座らせ1対1でていねいにしたところ、気持ちが行きかうようになり、関係ができていった。おとなの側が子どものメッセージを受け取りずらい子ほど、1対1で向き合う育児が必要なのだと実感した。

・子どもが要求した時にきちんと応える経験から、困った時などどうすればいいか正しい表現方法を身につけることができると思った。一斉保育ではたくさんの子どもと向き合っているため、その子が要求を出した時にきちんと答えられなかった。

・たとえことばはなくとも、仕草や表情、指さしに思いがあふれ、おとなは深い関わりを重ねているからそれを理解することができ、また、おとなの語りかけも子どもは理解し、受け止めてくれた。子どもとわかり合えている、強い関係ができている実感がわき、喜び、充実感を感じながら保育ができた。「夢のような日々だった」と感想を言う担任もいた。

1歳児

4日目　継続する日課〈流れる日課〉の組織と生活やあそびの環境づくり

- 子どもの姿を余裕をもってじっくり見ること、その行動はどういう思いや発達からくるのか考え、向き合い関わることが大事。一斉保育のあわただしさの中ではやはり困難。おとなの動き、連携を細かく考えた日課の中で子どもとじっくり向き合うことが可能になり、１対１の時間が保障されることを体験できた。

エピソード

《１》　一斉保育では12人を順番に排泄、着替え、手洗い、食事と複数のおとなで送りながらやってきた。とてもあわただしく、嫌だという子は後回しにしたり、一人の子のズボンをはかせながら隣の子に声をかけたりしていた。それぞれのおとなが声をかけ、子どもはおとなに伝えようと必死に大きな声を出し、おとなも声が届くようにとさらに大きな声を出す。ていねいにしているつもりだったが、全員の姿をしっかり見て働きかけることはできていなかった。

　手先がまだあまり器用には使えなかった（10月生まれ女児）と外出する時にはおとなが帽子をかぶせてきた。あるとき、女児が自分から帽子を取り、あれこれ触っている姿を見た。いつもやってもらっていることを自分でもやってみようとしていたのだと思った。持つ場所を教えると自分でやってみようとするが、手を離してしまったり、うまく頭にのせられずうまくはかぶれない。それから毎日帽子の持ち方を伝え、一緒に練習をし自分でできるようになっていった。少人数だったから女児の姿に気づき、援助することができた。

《２》　（４月生まれの女児）は身の回りのことがほぼ自分ででき、ことばでの表現もじょうずで、気持ちの安定した子。１対１での育児の場では援助することは少ないが、彼女が自分でやる姿を見守り、十分に認めてきた。彼女も自分だけをしっかり見てもらえ、１対１でたくさん話ができ、とてもうれしい時間だったようだ。これがもし一斉保育だったら、自分でできるからと任せてしまい、見守ったり関わったりすることは少なかっただろうと思う。

《３》　（10月生まれの女児）は周りが気になってしまい、なかなか集中が難しい子だった。

　１対１で育児をしていても、周りにあるものに目が行ってしまうが、保育士が声をかけながらどんどん進めていくのではなく、彼女がやってもらいたくて保育士の方を向くのを待ち、ゆったり構えて関わることで、保育士がすることに注目し、やってもらおうと待つ姿が見られるようになった。

《４》　（10月生まれの女児）は入所当時からあまり泣くことがなく、保育士との関わりも求めず、視線もあまり合わず、声かけに耳を傾ける姿もなかった。育児の場面でも周りに気が行き、意識が向くことはなく、やられるがままの状態だった。彼女の気持

ちや意思がつかめず悩んでいた。しっかり関わろうと思い、1対3で食事をしていたのを1対1にし、膝に座らせることにしたところ、次第に彼女の気持ちをダイレクトに感じることができるようになり、それに答えることで気持ちが行きかうようになっていった。視線も合うことが増えていき、関わりを求めてくる姿も出てきた。

《5》（5月生まれ女児）は野菜が苦手で、おかずの中から手でつまんで皿の外に捨てたり、あそんだりしていた。そのつど捨てたりあそぶのではなく、食べられなかったらいらないと言うように伝え、無理に食べさせることなく、苦手なものを取り除いたり終わりにしてきた。次第に「これいらない」ときちんと伝えるようになり、自分の食べれるものを気持ちよく、意欲的に食べるようになり、あそび食べもなくなった。一斉保育の時にスプーンを投げたり、あそんだりしていた子がいたが、いらないと正しい表現をしたのに受け止めてくれるおとながいなくて、どうしようもなくてそういう行動になっていたのかもしれない。そこでおしまいにしていたら、スプーンを投げて叱られることもなく、正しい表現をすれば、正しく自分に返ってくることがつながって、それを繰り返せば、困ったらこの人にこの正しい表現で伝えればいいのだとなっただろう。

《6》（3月生まれの男児）はことばがまだ出ず、表情もそれほどなかったが、担当保育士がしっかり向き合い表情を読み取り言語化を助けながらことばをかけていた。

優しく育児をしていく中で、担当保育士との信頼関係が深まり、彼は表情、しぐさ、発語といろいろな表現で思いをしっかり出すようになった。担当保育士の話しかけにもこたえ、やりとりや気持ちの通い合いがとても楽しく、二人にとって心地よい時間となっていった。

《7》騒がしいのが苦手でイライラして周りの子に叫んだり手が出たりしていたＡちゃん、気持ちよく生活できるよう、次の行動に移るときは一番最後のグループにし、先の見通しを他の子の様子といっしょにことばで伝えたり、騒がしい時間帯はスペースを分け落ち着けるようにしたりした。おとなの動き、連携をよく考えた日課のおかげでＡちゃんも含め、全体が落ちついて過ごせた。

《8》0、1歳児15人を新規保育士と臨時保育士、6時間の嘱託職員、4時間の嘱託職員と組んだ。初めての育児担当制でわからないことばかりだったが、全員が現在の子どもにとって何が大切か、どうしてそうするのか、どうすればいいのかを理解して保育にあたれるよう、密に話し合い、勉強をしながら進めていった。立場は違うけれど一緒に保育をする仲間。お互いの意見に耳を傾け、自分が見えない部分を補い合い、みんなで考えることを大切にした。大切にする部分を共有し、お互いを尊重してきたことで、それぞれ自分の仕事に誇りを持って責任を持って保育でき、連携を取ってクラスを運営することができた。

● おわりに

　保育施設も、そこで暮らすおとなも子どもも二つと同じ条件がない中で、子ども一人ひとりの思いや家庭の思いに耳を傾けながら、目の前の子どもに、最善のものを届けるため、それぞれの保育者の創造的な実践が望まれていると思います。

　私自身、長年の「年齢別講座」で出会ったさまざまな保育者のみなさんとの交流があり、その保育現場に足を運び、ともに研究を続ける中で多くのことを学びました。「学ぶことは感性を豊かにすること」といわれます。おとなの感性が研ぎ澄まされ、子どもたちの心の奥にあるメッセージをしっかり受け取る幸せな時間を重ねたい、と現場での学びと実践がくりひろげられています。保育実践の場こそ、保育する喜びと新しいものを生み出すエネルギーをしっかり蓄えていると実感しています。みなさんの実践に期待しつつ、私自身もともに学びを深めていきたいと思っています。

〈参考文献〉
・『乳児保育の実際』コダーイ芸術教育研究所　明治図書
・『アタッチメント－生涯生涯にわたる絆』数井みゆき・遠藤利彦編著　ミネルヴァ書房
・『ハンガリー保育園・幼稚園の遊び』メーヘシュ・ヴェラ著、コダーイ芸術教育研究所　明治図書
・『新訂　教育原理』トルダ・イロナ著　コダーイ芸術教育研究所
・『保育者のための心理学』コダーイ芸術教育研究所
・『発達の理論をきずく　別冊発達4』村井潤一編　ミネルヴァ書房
・『子どもの発達と感覚統合』A.Jean Ayres著　佐藤剛監訳　協同医書出版社
・『人間性の心理学』A.H.マズロー著　小口忠彦訳　産業能率大学出版部

2
歳児

「2歳児の保育って、難しい」……そんな声を保育現場から聞くことがよくあります。

どんなところが難しいのでしょうか。これから4回シリーズで「2歳児の保育」についてじっくり学び直していきましょう。学ぶなかで（2歳児の保育って、難しいところもあるけれど、楽しさもいっぱいある！）と再認識していただけたら幸いです。

なお、本講座では、「2歳児」とは保育所等の2歳児クラスに相当する子ども（2歳〜3歳代）をさします。

＼ 1日目 ／
2歳児の発達を学び直す
──「2歳児」をより深く理解するために──

　1日目は、まず2歳〜3歳代とは人間の生涯発達の中でどんな時期なのか確認し、2歳児の一般的な発達過程を学び直しましょう。しかし、一口に「2歳児」と言っても、前半と後半では子どもの姿はずいぶん違いますね。そこで、①2歳から2歳半までと、②2歳半から3歳代の大きく2つに分け、各時期の子どもの発達をふまえて、保育で大切にしたいことを考えてみることにしましょう。

 1 ## "2歳〜3歳"って、どんな時期？
──発達上の位置と意味

❶ 人生の基礎が築かれる大切な時期──対比的認識の育ちと気持ちの揺れ

　人間の発達は、運動、認知、言語、対人関係、自我などの機能領域が互いに関連し合いながら進んでいきます。2歳児の時期は、0歳児、1歳児それぞれの時期に積み重ねられてきた基礎的な力の上に、さらに社会のなかで人間として生きていくためのさまざまな力を身につけていく大切な時期です。

　0歳児から1歳児にかけて、子どもは周りのおとなと関わるなかで、人に対する基本的信頼を獲得していきます。目の前にある「今・ここ」の世界しか理解できなかった子どもは、やがて1歳半頃に成立する表象の力により、目の前にないことも頭の中に思い浮かべて行動できるようになります。さらに2歳過ぎ頃には、2つの物を比べて大小や長短がわかるようになり（対比的認識）、「できる−できない」などで気持ちも揺れやすくなります。また、自分の意思がはっきりしてきて、喜怒哀楽をはじめい

78

ろいろな感情をもつようになります。基本的生活習慣を身につけ始めるなかで自律性を獲得し、自分なりの思いがふくらんできて、何でも「ジブンデ」（自分で）とやりたがったり、おとなや他の子どもの思いとぶつかったりすることも多くなります。そんな時、自分の思いだけでなく相手の思いにも気づくため、自分の思いをただ押し通すのではなく、自分の思いとの兼ね合いで気持ちが揺れるようにもなってきます。からだだけでなく心の育ちもめざましい２歳児の姿です。

　２歳児までの発達でおさえておきたいポイントを図１にまとめてみました。

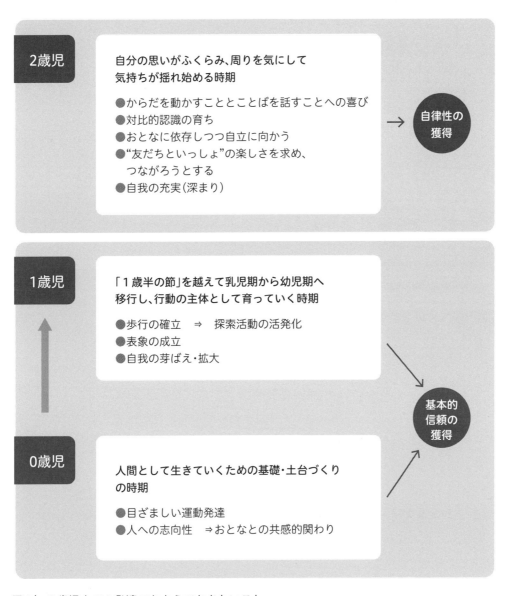

図１）２歳児までの発達でおさえておきたいこと

2 「乳児（3歳未満児）クラスの最年長」の2歳児──来年は幼児クラス

　保育所、こども園などの保育施設では、2歳児は「乳児（3歳未満児）クラスの最年長」にあたります。来年度は幼児クラスに進級です。未満児だけの園では、来年度は卒園して他園に移り、幼児クラスに入ることになります。

　"来年は幼児クラス"ということで、周りのおとなは自立に対する期待を寄せたくなりますが、心が育ってきている2歳児は、"自分でやりたい"思いと"まだ自分ではうまくできない"現実との狭間で思うように立ち行かず、イライラしたり、気持ちが崩れて泣いたり、急に甘えてきたり、いろいろな姿を見せます。どう対応したらよいのかおとなも戸惑ったり悩んだりする「難しい年頃」になりますが、一番戸惑っているのはきっと子ども自身でしょう。心の育ちを認め温かく受けとめながら、子どもが自分の思いを安心して十分に出し、周りの状況や相手との関係で調整していけるよう、2歳児に関わるおとなは支え方を考え、工夫していきたいものです。

2歳児前半（2歳〜2歳半）の発達と保育

1 この時期の発達の一般的な特徴

（1）自分のからだ全体や手指を自分で動かすことが楽しい

　歩行が安定して上手に歩けるようになり、その場でピョンピョン両足とびもできるようになってきます。自分のからだ全体を動かすこと自体がとても楽しいようです。1歳児の頃より手指の動きも巧みになり、シャベルで砂をすくってカップに入れたり、粘土を丸めたりなど、両手の動きを組み合わせて使いながら物を扱うこともできるようになります。自分の手指を使い動かす喜びが生活やあそびのなかで大きくなっていきます。

（2）自分なりのイメージがふくらんできて、みたてあそびやつもりあそびを楽しむ

　表象の発達に伴って自分なりのイメージがふくらみ、赤い小さな積み木をイチゴに見立てて口元に持っていき、モグモグと口を動かしておいしそうに食べるふりをしたり、人形を軽くトントンたたいて寝かしつけようとしたり、みたてやつもりのあるあ

80

そびを楽しむようになります。

（3）ことばを話したい気持ちがいっぱい…でも、うまく伝わらないことも

　個人差は大きいですが、２歳頃の語彙数は約300語です。物には名前があることが
わかるようになると、「コレハ？」「コレ、ナアニ？」という質問が多くなり（第１質
問期）、２歳半頃に語彙が急に増える時期を迎えます。とくに自分が親しみを感じて
いるおとなに対して、「コレハ？」「コレ、ナアニ？」の質問や「アノネ、アノネ…」
と盛んに話しかける姿が見られます。話したい気持ちはいっぱいですが、発音がまだ
未熟なこともあり、思うように伝わらず、かんしゃくをおこしたり、友だちとぶつか
り合いになったりすることもあります。

（4）自我の単なる拡大から中身の明確な自己主張へ

　「自我」とは、広い意味で「自分を意識する心の働き」のことをさします。
　１歳半過ぎ頃から自我が拡大してきた子どもは、２歳頃になると「ジブンデ」（自
分で）となんでも自分の力でやりたがり、難しい課題をなんとか解決できると、でき
た自分に対する満足感と喜びを表すようになります。１歳児の頃よりも"〜したいの
に"とか"〜でないとイヤ"という自分なりの「つもり」（意図）がはっきりとあるため、
パンを自分で半分に分けたいと思っている時、おとなが先に「半分こね」と分けてし
まうと「ダメー」と泣いて怒ったりします。自我の拡大も１歳後半より中身の明確な
自己主張へと変わっていきます。

（5）友だちを自分と同じような存在として認め始めるからこその共感とトラブル

　友だちへの関心が高まってきて、１歳半過ぎ頃から、友だちを自分と同じような存
在として認め始め、まねっこをしたり、「オンナジ（同じ）ダネ」と共感し合ったり
する姿が見られるようになります。おもちゃを取り合うようなトラブルの時も、おも
ちゃよりも引っ張り合っている相手に意識を向けるようにもなってきます。

②　この時期の保育で大切にしたいこと

（1）手足やからだを使うことの楽しさをたっぷりと

　１歳児の頃より少し遠くの公園まで歩いてお散歩に出かけたり、ちょっとした坂や
丘を登ったり下りたりするようになります。おとなもいっしょにからだをたくさん動

かしましょう。からだを動かす楽しさをたっぷり知っていくことは、自分のからだをコントロールする喜びにもつながっていきます。手指を使って働きかけると自由に変化する水、砂、泥、紙、布などの素材も十分に用意しておき、いっしょにあそびながらその感覚を楽しみましょう。

（２）一人ひとりのイメージの育ちを大切にしつつ、友だちのイメージとつなげる

この時期の子どもは思い思いに自分のイメージであそびを楽しみますが、徐々に互いのイメージを共有しあそびをつくっていくようになります。その際に、お誕生日会の楽しい雰囲気などの共通体験や、運転手さんの帽子などのちょっとした小道具がイメージの共有につながります。カーペットが１枚あることでみんなのおうちになり、個々のイメージをつなぐ幅が広がったりすることもあります。

一人ひとりが自分のイメージを楽しみ表現しながらも、いっしょにあそぶ楽しさも少しずつ味わっていけるような工夫もしてみましょう。

（３）伝えたい気持ちを大切に、おとなに伝えたくなるような豊かな生活体験を

イメージやつもりが広がるといっても、ことばでうまく表現することはまだ難しい時期です。ことば以外にも絵や粘土、からだの動きなどいろいろな表現の仕方があるので、ことばにとらわれずその子なりの表現を大切にしていきましょう。

伝えたい気持ちがいっぱいあることと、それを温かく認めゆったりと受けとめてくれるおとながいることが大切です。大好きなおとなに伝えたくなるような生活体験を、園でも家庭でも日頃から豊かにしていきましょう。

（４）自分でやってみたい気持ちや「自分で決める」ことを大切に

この時期の子どもは、とくに身の回りのことを何でも「ジブンデ」（自分で）とやりたがりますが、自力でやり遂げるのが難しいこともまだまだあります。自分でやろうとして「ミテテ」（見てて）と盛んにおとなに見てほしがる姿もよくみられます。身近なおとなから温かく自分が見守られている実感のなかで、自分でやってみたい気持ちが育つことを大切にしていきましょう。また、自分の思いだけでなく、相手の意図や「つもり」も理解できるようになってくるので、自分の思いが受け入れられると相手の思いにも応えようとします。自分の思いもしっかり持ちながら相手にも応えていけるように「自分で決める」ことも大切にしていきたいものです。

（5）友だちと関わる瞬間、瞬間のつながりを大切に

　この時期は自分と同じあそびで友だちと楽しさを共有することができ始めます。時にはぶつかり合える対等の関係だけでなく、憧れの気持ちを持ち、背伸びしてやってみようとする関係や、自分自身が"おにいちゃん""おねえちゃん"になって他児の世話をやき自分の力を確かめようとする関係も育ち始めます。どの子も、これらの関係がいつもどこかで保障されるようにしていきましょう。

 ## 3 2歳児後半（2歳半〜3歳代）の発達と保育

1 この時期の発達の一般的な特徴

（1）おしゃべりを楽しみ、ことばで自己主張するようになる

　「ナイナイスル」などの赤ちゃんことばを使わなくなり、語彙がさらに増えて、自分の思いや要求を伝えるのにあまり不自由しなくなります。子ども同士でも簡単な会話を楽しんだり、我先に話そうとする姿が見られるようになります。ことばで自己主張することが次第に多くなり、言い出すとなかなか後に引きません。

　周りのおとなに反発するようになりますが、自分への愛情を確かめようとして反対のことを言ったりしていることもよくあります。友だちと楽しそうに共感し合う姿もある反面、互いにことばで主張し合いぶつかり合うことも多くなります。

（2）なんでもやりたがり、知りたがる……けれど、気持ちが揺れることも多い

　「大きい（小さくない）自分」を意識し、いろいろなことに興味をもち、知ろうとしたりやってみようとしますが、自分が他者からどのように見えるかとか「できる─できない」を気にし始め、戸惑ったり尻込みしたりする姿も見られるようになります。何かあると泣いておとなを求めることもまだ多く、弟や妹が生まれると「赤ちゃんがえり」をすることもよくあります。

（3）自分の思いも相手の思いも大切にしたい……だから迷う（自我の深まり）

　自分の思いや要求はさらに明確になってきますが、相手の思いや要求も理解できる

ため、そのどちらも大切にしたくてふと考え込み迷う姿が見られるようになります。その結果「○○チャンガツカッテカラカシテアゲルネ」（○○ちゃんが使ってから貸してあげるね）などと、まず自分の要求を満たしてからではありますが、自分の使っているおもちゃを貸してくれたりします。自分と他者の思いを並べてみつめる「自我の深まり」が見られます。

（4）友だちといっしょにあそぶ楽しさがわかってくる

この頃になると、一人であそぶのも楽しいけれど、友だちといっしょにあそぶのも楽しくなってきます。子ども同士、何人かであそびを楽しむ姿がよく見られるようになりますが、おうちごっこでそれぞれがお母さん役になって楽しそうにしているなど、役割分担がまだはっきりしていないことも多いものです。

2 この時期の保育で大切にしたいこと

（1）自分の思いを安心してことばで表現できるように

ことばの発達がめざましく、自分の大好きな人にことばで伝えたい気持ちが大きくふくらんでくるので、伝えたいことをゆったりと根気よく聴き受けとめるようにしましょう。子ども同士の思いの行き違いによるトラブルも、双方の思いをよく聴き、整理して伝える仲立ちをていねいにしていくことが大切です。

（2）「できない」とか「失敗」とかにこだわらず、温かいまなざしでみつめる

"本当は自分の力だけでやってみたい"気持ちがあることを大切に、戸惑いながらもやってみようと心が前向きに動くように、あせらずゆったりと見守り、さりげなく励ましましょう。おもらしをしたときなど、友だちに知られるのが恥ずかしくて、わざと「オシッコデテナイ！」（おしっこ出てない！）などと言い張ったりする姿も見られるようになります。「失敗」にこだわらず、さりげなく対応する配慮も大切です。

（3）一人ひとりのイメージがふくらみ共有・交流できるように

おうちごっこやお買い物ごっこなど、きれいな色のスカーフやかわいい柄のエプロン、身近な素材を利用した手づくりのバッグなどいろいろ用意して、イメージ豊かにあそびを楽しめる工夫をしてみましょう。子どもたちといっしょに粘土を丸めたり、色紙をちぎったりして、"ごちそう"やお店の品物をつくってみるのも楽しいですね。

2歳児のあそびをより楽しむために

　2日目は、1日目で学んだ2歳児の一般的な発達の特徴をふまえ、よりよい保育実践をめざして、2歳児のあそびについて、「現実の目の前の子どもたち」の姿も出し合いながら考えてみましょう。

1　集団保育の場におけるあそびと環境

1　日々の生活活動のなかで、あそびへの意欲が生まれる

　あそびに関するイメージは、日常生活のさまざまな実体験を通して芽ばえ、実際の物と結びつきながら自由に楽しくふくらんでいくので、個々の子どもが豊かな生活体験ができるように配慮していくことはとても大切です。日々生活しながらどの子も興味を広げ、自分の好きなあそびを見つけられるように、保育のなかでもいろいろな遊具や素材、あそびを用意して環境構成を工夫していきましょう。子どもによっては、あることに目を止めてあそび始めるまでに時間が必要なこともあります。無理に誘ったりすることは控え、さりげなく声をかけて様子を見ながら待ってみるのも大切でしょう。

2　「ともに生活する仲間」がいる環境の大切さ

　2歳過ぎ頃になると、あそびが始まり広がるのは、他児がしているあそびに興味を

持ち、"自分もしたい""いっしょにやりたい"という気持ちからのことも多くなります。友だちの"まねっこ"から楽しさの共感が生まれます。いつもいっしょに生活している"仲間"がいるからこそ、安心できて楽しいのかもしれません。2歳児後半の子どもたちの間に広がっていく、友だちとイメージを交流したり共有したりしてあそぶ楽しさは、そんな2歳児前半の姿を大切にしながら個々の子どもの思いをつないでいくおとなの仲立ちによって育まれていきます。

3歳未満児のあそびで、まず基本的におさえておきたいこと

1 0・1・2歳児のあそびと発達は、とても深い関わりがある

　0歳の頃から運動や認識（認知）、ことば、対人関係などの機能の発達とともに、それらがあそびにも反映し、さまざまなあそびが可能になっていきます。そして2歳〜3歳頃になると、たとえば、からだ全体を使ったあそびや手指を使ったあそびも、ただ自分の手足を動かすことそのものを楽しむよりも、自分なりのイメージを持って、そのイメージに沿って動かすことを楽しむようになり、友だちといっしょだといっそう楽しい雰囲気になり、いっしょに動く姿が見られます。そんななかで、十分に手足を使うことでさまざまな機能がさらに発達していきます。このようにあそびと発達は密接な関係があります。

　一人ひとりの子どもの発達状況と、どんなことに興味があるのか、どんなことをやりたいのかを的確にとらえ、仲間との生活のなかで、あそびの楽しさと発達を保障する活動内容と環境づくりの実践を積み重ねていきましょう。

2 3歳未満児期には、基本的生活とあそびはとくに深く結びついている

　この時期の活動の中心となる「基本的生活習慣（食事・排泄・睡眠・着脱・清潔）の形成」や人間としての自立のための基礎となる「生活技術の習得」がうまくいくと、あそびにも意欲が出てきます。さらに、あそびを通してつけた力は生活のなかで使われ、いっそう豊かな力となります。

　たとえば、「ぐっすり眠る」ことができれば、気持ちよく「すっきり目覚める」こ

とができ、「機嫌よくあそぶ」ことができます。心身を十分に使ってあそぶと、おなかがすいて「たっぷり食べる」ので、おなかいっぱいになって眠くなり、「ぐっすり眠る」ことができる……というように、睡眠や食事とあそびはつながり、互いに影響を及ぼし合います。よいつながりができるように、保育のなかで配慮していきましょう。

③ あそびは子どもの心とからだのバロメーター

子どもは、からだの調子がよくなかったり心が不安定だったりする時は、いきいきとあそぶ姿が見られなくなり、心身の調子が回復すると、笑顔が多くなりあそびも活発になります。あそびは、子どもの心とからだの状態を知る大切な手がかり（バロメーター）になると言ってよいでしょう。

④ 乳児クラスのあそびは幼児クラスのあそびの土台となる

3歳未満児のクラスで、からだのあらゆる感覚を使い、手足を十分に動かして周りの世界を知り、生活体験の中から芽ばえ育ち始めたイメージを使ってあそぶ楽しさを知ることは、やがて3歳以上の幼児クラスで、友だちとやりとりしながらイメージをさらにふくらませてあそびを発展させていくことにつながります。おとなとあそぶ楽しさや一人であそぶ楽しさだけでなく、友だちと関わってあそぶ楽しさもわかるようになり、自らそれを求めていくようにもなります。乳児クラスのあそびは、まさに幼児クラスのあそびの土台となります。

⑤ 日常生活での豊かな生活体験と仲間との共通体験の大切さ

生まれた時から毎日の生活の繰り返しのなかで経験するさまざまなことは、子どもの心に残り蓄えられていきます。あそぶ時には、それらが思い出されてイメージと結びついて表現されます。とくに生活再現あそびの盛んな2歳児には、家庭でも園でも、日常生活のなかでどんな体験をどのように保障していくかが大切な課題になるでしょう。2歳児は友だちの存在が心の中で大きくなってくるので、共感やイメージの共有・交流を促していくために、仲間との共通体験も大切にしたいものです。

3 2歳児のあそびの現状と課題を出し合い、保育の工夫を考え合いましょう

2歳児たちが好んでよくあそんでいるのは、たとえば次のようなあそびです。

❶からだを動かすあそび…リズムあそび、まてまてあそび、しっぽとり、散歩、探索あそびなど

❷イメージを必要とするあそび（生活再現あそび、みたてあそび、つもりあそび、簡単なごっこあそびなど）…ままごと、パーティーごっこ、お誕生日会ごっこ、3匹のこぶたごっこなど

他にどんなあそびを楽しんでいるでしょうか。各自、挙げてみましょう。

● あそびについての課題や保育上の悩みと、それに対する保育の工夫

例1 保育室が狭い

⇒壁にタペストリーを貼り、その上にボタンをつけたり道路を描いたりして、壁を利用したあそびを工夫する、ブロック・ままごと・絵本などコーナーを設けたり、パーテーション（ついたて）を利用してじっくりあそべるようにする　など

例2 おもちゃの取り合い、独り占めして抱え込みたい子

⇒みたて・つもりあそびで使えるチェーンやお手玉などのおもちゃを十分な量用意する、段ボールで仕切りをつくるなどして少人数で落ち着いてあそべるようにする、"その子が使っているそのおもちゃがいい"という場合は、あそびたい気持ちを受けとめ、伝えながら様子をみる　など

例3 イメージの弱い子、ふらふらしている子

⇒見てわかりやすいような工夫や、"おもしろそう""自分もやってみたいな"と心が動くような声かけや雰囲気づくりの工夫　など

**例4　月齢差によるあそび方の違い、イメージの違いから
「〇〇はいいけど、△△はダメ〜」**

⇒高月齢、低月齢それぞれのイメージの持ち方やあそびの楽しみ方を大切にしなが
　ら、絵本や共通の生活体験などでイメージをふくらませ、共有できるように少しず
　つつないでいく　など

**例5　あそびのイメージが豊かで他児から憧れられるが、
自分の「つもり」をわかってもらえないと怒って友だちを拒否し、
友だちから「こわい」と思われてしまう子**

⇒友だちといっしょにあそびたい気持ちを大切に、その子の大好きなあそびを、クラ
　スみんながそれぞれのイメージを楽しみつつわかって共感できる楽しいあそびにし
　ていく　など

例6　片づけなど、あそびから次の活動への切り替えが難しい子

⇒片づける棚などの場所を決めておき、おとなが声をかけながら片づける姿を見せ、
　まねしてみたい気持ちを誘ってみる、時間的に余裕を持たせて早めに声をかける、
　まだあそびたい要求が強いときは、満足できるまであそんで自分から納得して次の
　活動へ切り替えていけるように、声をかけながら待つ　など

4　2歳児のあそびをより楽しく豊かなものにするために、大切にしたいこと

① 一人ひとりの子どもの発達や状態に応じたていねいな取り組み

　月齢や生活環境などによる発達の違いを的確につかんで、それに応じた適切な配慮
や工夫をしていきましょう。

2 歳児

2日目　2歳児のあそびをより楽しむために

2 どの種類のあそびにおいても、人との関わり・交流を大切に位置づける

　友だちの使っているおもちゃやしていることへの関心が育ってきて、いっしょにあそびたい気持ちも大きくふくらんでくるので、おとなが仲立ちをして、個々の子どものイメージや思いを大切にしながら伝えていきましょう。一人ひとりの子どもが「安心して関われる存在」として友だちを受け入れ、「友だちといっしょにあそぶ楽しさ」を実感できるように、「どの子もわかって楽しめる」工夫を考えてみましょう。

3 あそびの発達的な意義を、個々の機能の発達だけでなく、「子どもが生活の主体として育つ」という視点でとらえる取り組み

　あそびは子どものさまざまな機能の発達を促すだけでなく、生きる意欲を育て、自分で考え自分で決めて生活していく力も養います。生活とあそびのつながりを大切にしていきましょう。

＼ **3**日目 ／
2歳児の保育計画で 大切にしたいこと

　3日目は、これまで見てきた2歳児の発達や保育内容をふまえて、2歳児の発達を保障する保育計画を立てるときに大切にしたいことをまとめてみましょう。

　"決して計画通りにはいかない"のが保育ですが、やはり保育計画は必要です。
　乳児期から就学前までの子どもたちを育てるための「全体的な計画」が各園で作成されていますが、それを羅針盤にして、2歳児クラスの指導計画が立てられます。各園の保育や子どもの実態に即して、年間、期間または月、週、日の指導案を考えていきましょう。その際に大切にしたい視点は、次のような点です。

① 2歳児の生活年齢と発達課題をふまえる

　子どもの月齢や年齢（2歳児前半と2歳児後半）に応じた発達課題をふまえて、よりふさわしい保育の内容や方法を考慮・工夫する必要があります。

② 子どもの実態をしっかりと把握する

　日々の保育日誌や個人記録、家庭との連絡帳、職員同士の話し合い、保護者との話し合いなどを十分に活用して、子どもの実態をしっかりととらえることが大切です。どんな育ち方をしてきたか、何が好きで何が苦手かなど、個々の子どもの正しい情報をつかんで適切な対応を考え、実践していきましょう。

③ 家庭での生活とのつながりを考え、一日の生活リズムと睡眠環境を整える

　保護者とのやりとりから家庭での子どもの生活リズムを知り、一人ひとりが安心して落ち着いた生活ができるように、とくに園での睡眠と家庭での睡眠がうまくつながり、快適な睡眠が十分にとれるように、家庭と連携して24時間のリズムを整えていきましょう。

④ 安心・安全な保育環境を工夫し、"集団のなかでの人間としての自立"を支える

　安心できる安全な保育環境を保障することは、子どもの健やかな心身発達にとって不可欠な保育の基本です。とくに人間としての自立に向けて諸機能の発達が著しく、知的好奇心が旺盛な2歳から3歳にかけての時期は、子どもたちが互いに関わり合いながら気持ちよく生活し、思う存分あそべるように工夫したいものです。保育室内の温度や湿度、風通し、採光などに配慮することはもちろん、長時間保育への対応として、心やからだがリラックスできるような空間やグッズも大切に吟味していきましょう。

⑤ 職員同士よく話し合って理解を深め、きめ細かな協力体制をとる

　園でともに仕事をしている職員は、職種や立場、経験年数などは異なっていても、"かけがえのない仲間"です。価値観や考え方は違うことがあっても、子どもたちの幸せやすこやかな育ちを心から願っていることは同じでしょう。子どもの姿や変化について語り合い学び合うなかで、互いに子どもの見方を深め、知恵と力を合わせて適切な対応をしていけるよう努め続けることが大切です。身近なおとなの言動を憧れと関心を持って見聞きしている2歳児にとって、おとなたちの良い人間関係は、何にもまして良い人的環境になることでしょう。どのように連携協力していくか、よく話し合って指導計画のなかに具体的に盛り込みましょう。

　参考までに、年間を4期に分けて、各時期のクラス集団の特徴や子どもたちの姿、目標を一例として表1にまとめてみますので、具体的にどんな保育上の配慮や工夫をするとよいか各自考えてみてください。

表1）年間を4期に分けた2歳児クラスの保育計画例

期	月	その時期の集団の特徴	一般的な子どもの状態	目　標
Ⅰ期	4・5月	ごたごたの時期	新入園児にとっては、初めての場所、知らない人々のなかで落ち着かない。進級児にとっては、担任や保育室が変わるなどで落ち着かない	新しい生活、環境（保育室、担任、友だち）に慣れて、安心して落ち着いて過ごせるようになる
Ⅱ期	6〜8月	まとまりの時期	子どもたちが新しい環境に慣れてきて落ち着き、まとまってくる	プールや水あそび、土・泥あそびで心身を解放し、友だちとの共感関係を広げていく
Ⅲ期	9〜12月	盛り上がりの時期	運動会に全員で取り組むことによって、子どもたちが意欲的になり盛り上がってくる	戸外でのあそびや散歩のなかで友だちとの生活やあそびをさらに楽しむ
Ⅳ期	1〜3月	まとめの時期	大きくなった喜びと次年度（3歳児クラスへの進級）への期待がふくらむ	集団あそびや劇あそびで、友だちと共通のイメージであそぶ楽しさを知っていく。一つ大きくなることに期待をふくらませる

\4日目/
自立に向かう
2歳児の生活づくり
—— 友だちといっしょの生活のなかで、——
自分でやりたい気持ちを育むには？

　2歳児は人間としての自立に向かう大切な時期です。4日目は、「自分で」やってみたい気持ちが強くなり、身の回りのことが少しずつ自分でできるようになるこの時期の生活をどうつくっていくか考え、2歳児保育で大切にしたいことをまとめてみましょう。

 1 ## 2歳児の生活づくりを考えるとき、まず基本的におさえておきたいこと

> **1** "2歳児"という時期は、発達の上で一般的に「自分で」やりたい気持ちが育ち、仲間（友だち）の行動に対する関心が高まってくる時期であること

　2歳から3歳にかけては、自分の力でできることが増えてきて、"自分はもう赤ちゃんじゃない"という気持ちが強まり、「ジブンデ」（自分で）と自分の身の回りのことはなんでも一人でやろうとするようになります。友だちの姿に刺激されて自分もやってみようとすることも多くなるので、友だちを意識したりまねをしたりしながら自分でやろうとする姿や、互いにやってあげたりやってもらったりしながら「仲間とともに一人でできるようになっていく過程」を大切にしていきましょう。

② 一人ひとりの子どもが安心して、落ち着いて自分の気持ちを表現できる 心地よい生活をどうつくっていくか?

　わかりやすい生活の流れや見通しを持ちやすい空間をどうつくるか、子どもが次の活動への期待や楽しい見通しを持って、気持ちよく納得できる切り替えができるようにどんな工夫が必要か、子どもの立場に立ってよく考え実践していくことが大切です。

② 2歳児の日課づくり

① 2歳児にとっての日課とは?

　おとなの生活スタイルが夜型になっている現状であるからこそ、幼い子どもが心身ともにすこやかに育つためには生活リズムを保障することが必要です。眠ること、食べることを中心とした生活の流れがほぼ毎日同じように繰り返されることで、生活リズムは整っていきます。そのなかで、衣服を着たり脱いだりトイレでおしっこをしたりという、生活の基本に関わるところの自立にむけての日課づくりが、2歳から3歳にかけて大きな課題となります。

② 2歳児の日課づくりで大切にしたいこと

　2歳児の日課づくりをしていくときに大切にしたいことを挙げてみると、次のようになります。

❶地域性や保護者の就労状況、クラスの子どもの人数やそれまでの生活経験などを考慮して、その園独自の日課づくりを進める。

❷季節と子どもの発達を見通した1年間のカリキュラムが土台となり、それをもとに1か月、1週間、1日の生活を「子どもたちとともにつくる」という視点で考える。2歳児の発達特徴を十分に考慮して、子どもたちの興味・関心を誘うような魅力的な楽しい活動を、年間を通して計画し展開していく。

❸生活にアクセントをつける。1日の保育のなかで、午後のおやつ後の活動を、子どもたちの要求を中心とした活動にするなど、長時間保育児が増えている現状をふまえて、どの子も安心して気持ちよく過ごせる工夫をする。

❹生活習慣の自立の基礎をしっかりとつくる。身辺自立の原動力は、次の活動をしたいという意欲であり、次への見通しがあると2歳児は"やってみよう"という気持ちになるので、おとなや友だちの姿に憧れて、気持ちをふくらませて自ら取り組み、自信をつけていけるような働きかけを工夫する。

2歳児の基本的生活習慣の獲得について──自立に向けて

① 2歳児にとっての生活習慣の意義

2歳から3歳にかけての時期は、"自分でやりたい""友だちと同じようにしたい"という気持ちがふくらむ一方、「できる－できない」にこだわり、心が揺れやすく、発達の個人差も大きい時期です。子ども自身の気持ちの育ちを大切にしながら、「自分のことが自分でできる」ことが喜びと誇りになるように、あせらずゆっくり自立を支えていきましょう。「まだ2歳だから」といつまでも"赤ちゃん扱い"しないようにすることが大切ですが、反面「もう2歳なんだから」と過大な要求をし過ぎないことも大切です。

【2歳児クラス・前半期の目標（めやす）】
・おとなが仲立ちしながら、友だちを手伝ってあげたり、手伝ってもらったりしながら、一人でもできるようにしていく

【2歳児クラス・後半期の目標（めやす）】
・食事、排泄、着脱など身の回りのことは自分一人でほぼできるようになる

② **2歳児の生活習慣の取り組みを考える──食事と排泄を中心に**

〈 食　事 〉

　2歳児になると、1歳児の頃より活動量が増え、それに伴い食事量も増えます。乳歯も全部はえそろうので、きちんと噛むこともでき、食事をおいしく食べられるようになります。発達をふまえて2歳児クラスの食事の取り組みで大切にしたいことをまとめると、図2のようになります。

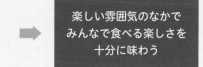

- ●いろいろな物を自分から食べてみようとする
- ●スプーンを正しく持って食べ、ハシに興味をもつ
- ●友だちといっしょに楽しく食べる
- ●正しい姿勢で座って食べる
- ●身近な食材に触れ、興味をもつ

　➡　楽しい雰囲気のなかでみんなで食べる楽しさを十分に味わう

図2）2歳児クラスの食事で大切にしたいこと

　その日の気分や状態によって、やる気満々だったりそうでなかったり、できたりできなかったりと変動はありますが、あせらず根気よく取り組みましょう。2歳児では「噛めない」「吸い食べ」「好き嫌い」「小食」「あそび食い」「座って食べてくれない」など、おとなを悩ませる姿もよく見られますが、制止や無理強いをするのではなく、安心できるおとなや友だちとの関係のなかで、"おいしそうだな""食べてみようかな"と食べることに対して気持ちが動くように、楽しい雰囲気づくりを大切にしながら長い目で取り組みたいものです。

〈 排　泄 〉

　2歳代になると、神経系統の発達に伴って膀胱にためられる尿量が増加し、昼間の排尿間隔が2～3時間となり、さらに3歳代になると自分で排尿を感じるようになり、トイレに行くまでがまんすることもできるようになってきます。失敗はまだまだありますが、トイレで排泄することができるようになります。

　トイレの使い方などの説明は、まずクラス全体におこない、その後個別に根気よく教えていく必要があります。排泄の間隔は個人差があり、気候によっても変わるので、間隔の短い子には個別に声をかけましょう。

　2歳児クラスでの排泄の取り組みの目標（めやす）は、「自分で尿意を感じて、一定がまんしながらトイレで排泄できるようになる」ことです。活動の区切り目には、

2
歳児

4日目　自立に向かう2歳児の生活づくり

「お散歩行くから、おしっこしてこようね」などと、次の活動に見通しを持てるようなわかりやすいことばをかけて、子ども自ら動いていくことと、"できた"という達成感を大切にしていきましょう。排尿の間隔が長くなってきたら、「おしっこに行きたい人は行っておいで」とか「出そうなときは知らせてね」などとことばかけも変えてみることで、子ども自ら考え選んで行動していくことをさらに支えていくとよいでしょう。

　新入園児のなかには、「トイレ行く？」と声をかけられるだけで泣けてしまったり嫌がったりする緊張や不安の強い子もいますが、まずは安心できるおとなといっしょにトイレに入る経験を少しずつ積んで慣れていくことが大切です。「トイレがこわい」という子には、無理をしないで他児の様子を見せたり、"トイレはこわいところではない"と思えるように環境を整え工夫してみましょう。

　3歳過ぎくらいになると、おもらしなどの「失敗」を他児に知られるのを恥ずかしく思う子も出てきます。デリケートな気持ちを受けとめ、怒らずに「おしっこ出ちゃって気持ち悪かったね」と共感し、他児の目につかないように素早くさりげなく対応することも大切です。

「ダメ―」から「イイヨ」へ
友だちとともに育つ喜びをどの2歳児にも

　一人ひとりの「自分の思い」が明確になってくる2歳児。物の取り合いや順番、あそびのイメージの違いなどにより、「ダメ―」と強い口調で拒否したり、叩き合いになったりのトラブルもよく見られます。互いに自分を主張して譲らず、止めてもなかなか気持ちはおさまりません。自分の思いを伝えたいのにうまく伝わらない、相手にわかってもらえない。そんな悲しさやもどかしさで、心は揺れ動いているのでしょう。そんなときは、どうしたらよいでしょうか。

　まずは気持ちが落ち着くまで少し待ってみることが大切です。それから「○○ちゃん、どうしたかったのかな？」と気持ちを聞き、「そう、～したかったのね」と受けとめ、「じゃあ、△△ちゃんに『～したかったよ』ってお話してみたら？」と気持ちをことばにして相手に伝えるよう促してみるのもいいですね。気持ちをわかってもらえたうれしさが心の支えになり、気持ちが前向きになるようです。そうして友だちに自分から気持ちを伝えに行き、「イイヨ」と受け入れてもらえたという経験は大切です。

余裕をもって周りをみることができるので、自分も相手の思いを受け入れようとするようになります。

　2歳児保育では、このように友だちとの関わりのなかで相手の思いに気づき、受け入れ合いながら人と折り合いをつけていく過程を大切に、「気持ちの仲立ち」をしていきましょう。

　4回にわたり2歳児保育について学んできましたが、いかがでしたか。「2歳児」がさらに好きになり、明日からの保育が楽しみになるよう心から願っております。

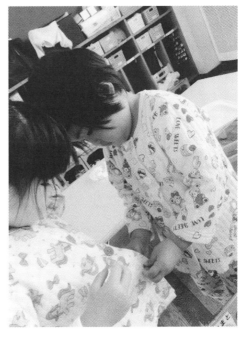

〔編者プロフィール〕

●あいち保育研究所

「子どもたちの『最善の利益』実現をめざし、子育て関係者・実践者と研究者が一緒につくる研究所」を理念に2009年に設立。保育・学童保育に関する研究活動や、保育行政実態をまとめた資料集の作成、新任保育者研修や年齢別保育連続講座等の研修・講座の開催などをおこなう。
URL: http:// research2009.stars.ne.jp/
E-mail: aichi.hoiku.ken@research2009.stars.ne.jp

〔著者プロフィール〕

●横井喜彦（よこい　よしひこ）　……巻頭発達の表／ゼロ歳児担当
中京学院大学 短期大学部保育科教授。保育士。
主な著書：『イメージの世界をつくるこどもたち──空想の友達バニラと保育園児の1年間』（新読書社）、『資料でわかる 乳児の保育　新時代』（ひとなる書房　共著）

●伊藤なをみ（いとう　なをみ）　……1歳児担当
特定非営利活動法人 名古屋コダーイセンター理事。保育士。
主な著書：『乳児保育実践集』（名古屋コダーイセンター）

●布施佐代子（ふせ　さよこ）　……2歳児担当
桜花学園大学 保育学部教授。専門は発達心理学。
主な著書：『資料でわかる 乳児の保育　新時代』（ひとなる書房　共著）、『新・育ちあう乳幼児心理学』（有斐閣　共著）

●中村強士（なかむら　つよし）　……はじめに担当
日本福祉大学 社会福祉学部准教授。専門は保育制度・政策、子どもの貧困、子育て支援。社会福祉士、保育士。
主な著書：『保育ソーシャルワークの思想と理論』（晃洋書房　共著）、『実践を創造する保育原理 第2版』（みらい　共著）、『「知的な育ち」を形成する保育実践Ⅱ』（新読書社　共著）、『戦後保育政策のあゆみと保育のゆくえ』（新読書社）など

本文写真協力：千草保育園、ながらこどもの森、高浜南部保育園、青葉保育園、小鳩の家保育園、みどり菜の花保育園、愛厚つみき保育園、もんもの花保育室
カバー・本文イラスト：すがわらけいこ
カバー・本文デザイン：菅田亮

年齢別保育実践講座
0・1・2歳児編
2021年5月5日　　第1刷発行

編　者／©あいち保育研究所
著　者／横井喜彦・伊藤なをみ・布施佐代子

発行者／竹村正治

発行所／株式会社 かもがわ出版
〒602-8119　京都市上京区堀川通出水西入
☎075(432)2868　FAX 075(432)2869
振替　01010-5-12436
印　刷／シナノ書籍印刷株式会社

ISBN978-4-7803-1156-3 C0037　　Printed in Japan